AF330502

ORAISON FUNÈBRE

DE

MGR DE DURFORT,

ARCHEVÊQUE DE BESANÇON,

SUIVIE DE LA RELATION DE SES OBSÈQUES

A SOLEURE ET A BESANÇON,

1792—1868,

PAR M. L'ABBÉ BESSON,

SUPÉRIEUR DU COLLÉGE SAINT-FRANÇOIS-XAVIER.

BESANÇON,

TURBERGUE, LIBRAIRE-ÉDITEUR,

RUE SAINT-VINCENT, 33.

—

1868.

ORAISON FUNÈBRE

DE MGR DE DURFORT.

Bonum certamen certavi, cursum consummavi, fidem servavi; in reliquo reposita est mihi corona justitiæ.

J'ai combattu le bon combat, j'ai achevé ma carrière, j'ai sauvé la foi; il ne me reste plus qu'à recevoir la couronne de justice. (II *Tim.*, IV, 7.)

Eminence (1),

Messeigneurs (2),

Quand le patriarche Jacob fut sur le point de mourir dans la terre d'Egypte, il tourna les yeux vers la terre de Chanaan, sa chère patrie, et, s'adressant à ses enfants réunis autour de sa couche funèbre : « Voici, leur dit-il,

(1) Mgr Mathieu, cardinal archevêque de Besançon.

(2) NN. SS. Marilley, évêque de Lausanne, et Lachat, évêque de Bâle, dont les siéges étaient autrefois suffragants de l'archevêché de Besançon.

NN. SS. Ræss, évêque de Strasbourg; Caveroz, évêque de Saint-Dié;

que je vais rejoindre mon peuple ; ensevelissez-moi avec mes pères dans la grotte d'Ephron, auprès de Mambré, là où fut enseveli Abraham....., là où repose Isaac (1). » Les enfants de Jacob promirent d'exécuter ces volontés suprêmes ; Joseph même s'y obligea par serment, et le vieillard, heureux de cette assurance, adora le Seigneur et rendit le dernier soupir (2).

Il y a soixante-seize ans, un saint pontife, le patriarche de ces contrées, le gardien de la foi d'Abraham, d'Isaac et de Jacob, mourut sur la terre étrangère, n'ayant, comme Jacob, d'autre ambition que celle d'être ramené au milieu du peuple qu'il aimait. Joseph était à ses côtés, et son plus cher désir était aussi de rapporter à Mambré ces restes bénis. Cependant, ni Mgr de Durfort n'osa demander cette promesse, ni M. l'abbé de Chaffoy n'eût osé la jurer, tant la tribulation était grande, tant la terre de la patrie était bouleversée par la tempête révolutionnaire ! Mambré était dans le deuil ; la grotte d'Ephron ne recevait plus de sépultures, des mains sacriléges s'apprêtaient à profaner les tombeaux aussi bien que les temples, et la cendre de nos ancêtres allait devenir le jouet des vents et la proie de l'impiété. Mais le respect filial ne meurt pas dans l'Eglise : le spectacle que la première génération n'a pu voir sera donné à la

Hacquard, évêque de Verdun, et Foulon, évêque de Nancy, suffragants actuels de la métropole.

Etaient aussi présents à la cérémonie : Mgr de Maguerye, évêque d'Autun ; Mgr Guerrin, évêque de Langres ; Mgr Nogret, évêque de Saint-Claude.

(1) *Gen.*, XLIX, 29-31.
(2) *Id.*, ibid.

seconde ; les petits-fils du patriarche font aujourd’hui ce que leur aïeul avait souhaité, et c’est un autre Joseph qui vient acquitter une dette et remplir un devoir, comme s’il l’eût juré à ce lit de mort. Voilà qu’il ramène dans ce sanctuaire le corps de Jacob : la tribu sainte le précède, les pontifes l’accompagnent, tout Israël le suit, et la marche funèbre se change, sous sa conduite, en une fête où les chants de la mort laissent percer les cris de la victoire.

Est-il besoin de vous le dire ? S’il me faut expliquer tous ces honneurs et animer par un discours cet appareil extraordinaire, je ne peux avoir d’autres paroles que celles de la foi ; je ne veux parler que d’elle en célébrant la vie, l’exil, le retour du patriarche d’Israël. Pontife, c’est la foi qu’il a enseignée par sa doctrine et persuadée par ses exemples ; confesseur, c’est la foi qu’il a défendue jusque dans l’exil et qu’il a gardée jusqu’à la mort ; vainqueur de la mort et du temps, c’est la foi qui est glorifiée par les honneurs rendus à son tombeau et par les fêtes de son retour : en sorte que son nom résume, dans une des plus grandes pages de notre histoire, les travaux de la foi, les combats de la foi, les triomphes de la foi. C’est l’hommage que nous venons rendre à la mémoire de notre illustrissime et révérendissime père en Dieu, Monseigneur RAYMOND DE DURFORT-LÉOBARD, archevêque de Besançon, prince du saint-empire.

I. La Providence avait placé son berceau [1] non loin

(1) Raymond de Durfort naquit au château de la Roque, dans la

de celui de Fénelon, dans un modeste château de la
Guyenne, mais dans une de ces maisons anciennes et
fidèles où l'honneur passait la richesse et où la vertu
ne se sépara jamais de l'honneur. Les Durfort comp-
taient, dès le xie siècle, parmi les plus grands seigneurs
du Languedoc, et les Duras, les de Lorges, les Civrac,
les Léobard et les Boissières, qui sont les principales
branches de cette souche antique, avaient couvert de
la gloire de leurs exploits et des bienfaits de leurs fon-
dations pieuses, le Quercy, l'Agénais et la Gascogne,
longtemps avant que leur nom s'illustrât à la cour de
France par deux titres de duc et par les fonctions de
maréchal et de gouverneur. La branche de Léobard, à
laquelle appartenait notre prélat, quoique détachée de
la tige commune presque dès le commencement, ne le
cédait aux autres ni pour la grandeur des charges ni
pour l'éclat des services ; elle touchait par de nom-
breuses alliances aux plus beaux noms de notre histoire ;
les maisons de Sorans, de Foix, de Lorraine, de Com-
minges et de Bourbon, formaient ses glorieux quartiers ;
et la familiarité même des princes lui était comme naturelle parce qu'elle en avait l'habitude séculaire. Mais
oublions toute sa noblesse pour ne nous souvenir ici
que de sa piété. Quand la foi commençait à pâlir dans
les grandes races, Raymond de Durfort ne reçut, sous
le toit de ses pères, que des exemples de régularité et
de ferveur. Il était le sixième de dix enfants et le plus
jeune de quatre frères. Un d'eux fit profession dans

Guyenne, le 10 octobre 1725 ; il était fils de François-Gilles de Durfort,
baron de Léobard, et de Jeanne de Méreully.

l'ordre de Saint-Benoît ; quatre de ses sœurs prirent le voile, et, malgré tant de sacrifices, le baron de Léobard ne refusa point Raymond au service des autels. La douce inclination qui portait au sacerdoce ce pieux gentil-homme se développa aisément au milieu d'une famille si chrétienne ; elle grandit, comme celle de Fénelon, à l'université de Cahors ; et pour que rien ne manquât aux premiers traits de cette ressemblance que nous devions signaler entre l'archevêque de Cambrai et celui de Besançon, ce fut le séminaire de Saint-Sulpice qui acheva de la former. Oh ! laissez-moi saluer ici, devant le cercueil de leur élève, ces maîtres dont la modestie n'a rien d'égal que leur mérite, cette digne compagnie, dont Fénelon disait au XVIIᵉ siècle : « On ne peut rien voir de plus apostolique et de plus vénérable [1], » et que notre prélat fera bénir au XVIIIᵉ comme la nourrice et la mère de l'épiscopat français. Les jours de la per-sécution ne sont pas éloignés, et quand il faudra ou sauver la foi ou la trahir, on comptera, parmi ces cent trente évêques dont l'héroïque fermeté offrit un si beau spectacle à l'Eglise, plus de cinquante élèves de Saint-Sulpice, les amis de Raymond, les compagnons de ses études et les émules de sa vertu [2].

Mais quand son éducation théologique fut achevée, rien ne faisait prévoir encore de si rudes combats, et le jeune prêtre n'avait, ce semble, qu'à redouter la cor-ruption élégante du monde où il entrait. La société fran-

[1] Lettre au P. Le Tellier, *Œuvres complètes de Fénelon*, t. VIII, p. 283.
[2] *Vie de M. Emery*, t. 1ᵉʳ, p. 78.

çaise, déjà possédée par l'esprit d'innovation, demandait alors au prêtre plus de vaine philosophie que de science sacerdotale, et plutôt de la décence que de la piété. Ce fut l'honneur de l'abbé de Durfort d'être resté, en dépit de la mode, fidèle à la grande tradition de l'éloquence et des fortes études, à l'austérité des saintes règles et à la simplicité des vieilles mœurs. Ni sa naissance, ni les charmes de sa figure, ni la dignité naturelle à sa personne, ni le crédit de sa famille, ne purent le retenir à la cour. Après avoir reçu en commende la modeste abbaye de la Vieuville (1), il vient fixer sa résidence auprès du tombeau de saint Martin et fait pendant dix ans, sous les auspices de l'archevêque de Tours, son compatriote et son ami (2), l'apprentissage des fonctions ecclésiastiques. Là apparaissent dans leur premier éclat les grandes qualités de son âme. Il méprise l'argent avec la générosité d'un prêtre et le dédain d'un gentilhomme ; il oublie ce qu'il peut devenir, préférant à tout le reste le titre d'archidiacre et de vicaire général de Tours ; il n'a pas même un regard pour les plaisirs ou les modes de son siècle ; sa vie, exemplaire et recueillie en Dieu, défie jusqu'au plus léger soupçon ; la pudeur, « qui était née avec lui, selon l'expression de Bossuet, et qui lui avait fait faire, dès ses plus tendres années, un sacrifice complet de son corps et de son âme (3), » imprime à sa physionomie, à son sourire, à sa démarche,

(1) En 1750. Cette abbaye était située en Bretagne, dans l'ancien diocèse de Dol.

(2) Mgr de Ceilhes de Rosset de Fleury, archevêque de Tours en 1751 ; il était le neveu du cardinal de Fleury.

(3) Bossuet, *Oraison funèbre de Nicolas Cornet.*

un caractère particulier dont l'impiété même n'a jamais méconnu la chaste douceur. « C'est un cénobite, » disait le monde avec l'accent de l'admiration et du reproche. Heureux reproche ! qu'il est glorieux de le répéter ici, en face de ces autels qui ont vu ce cénobite revêtu de la dignité épiscopale et donnant, par ses vertus intérieures, plus de grandeur et de gloire aux saints mystères qu'il n'en recevait lui-même par la vénération de son clergé et de son peuple !

Avec de telles mœurs, ne craignez rien désormais pour l'abbé de Durfort. Quand la confiance du roi lui donne les fonctions d'aumônier [1], il fréquente Versailles sans y établir son séjour, sans y laisser son cœur, et, son service achevé, il revient cacher dans la chère solitude que l'archevêque de Tours lui a faite, les pratiques de sa mortification et les œuvres de sa charité. Il aimait, comme toute la cour, comme toute la France, à porter ses regards sur l'avenir de la monarchie, se consolant des scandales que donnait Louis XV par le spectacle des vertus du dauphin, et apercevant déjà dans l'héritier du trône, bien plus digne que son père du nom de Bien-Aimé, le défenseur futur de la religion et le sauveur de la patrie. Mais Dieu n'avait fait que montrer le dauphin à la terre, et tant d'espérances devaient être bientôt confondues. L'abbé de Durfort venait d'être appelé à l'évêché d'Avranches [2] quand

(1) Le 11 mai 1761.

(2) « Le samedi 16 juin 1764, on reçut à Avranches la nouvelle que le roi avait nommé à l'évêché d'Avranches M. l'abbé Raymond de Durfort-Léobard, abbé commendataire de l'abbaye de la Vieuville, au diocèse de Dol, aumônier de Sa Majesté, chanoine et archidiacre de l'église mé-

la mort du prince consterna tout le pays. A peine sacré [1], c'est un malheur public qu'il lui faut annoncer à son diocèse, et « il s'afflige de n'avoir que des pleurs à répandre pour la première fois qu'il a l'occasion de faire entendre sa voix [2]. » Pleurez, nouveau pontife, pleurez ! c'est le rôle que le Ciel réserve à votre épiscopat. Laissez vos yeux s'accoutumer aux larmes et votre âme au grand deuil. Ce premier mandement n'exprime que les regrets et les appréhensions de la patrie ; le dernier sera écrit sur les ruines de la religion et daté de la terre de l'exil.

Je voudrais écarter un moment encore ces souvenirs funèbres et, suivant l'ordre des temps, vous montrer le jeune évêque travaillant dans le champ du père de famille, au milieu d'ennemis moins terribles en apparence, mais aussi perfides que ceux de la Révolution. Le diocèse d'Avranches n'avait guère connu que son nom avec sa bonne renommée de piété tendre et d'iné-

tropolitaine de Tours, vicaire général du diocèse de Tours, prêtre du diocèse de Cahors et licencié en droit canon. »

L'abbé de Durfort fut préconisé par le cardinal Colonna de Sciarra, protecteur de l'Eglise de France, dans un consistoire tenu à Rome le 9 juillet 1764. Le 20 août suivant, il fut proposé par le même cardinal pour le même évêché.

(1) Il fut sacré dans la chapelle du château de Versailles, le dimanche 9 septembre, par Charles-Antoine de la Roche-Aymon, archevêque duc de Reims, premier pair de France, assisté d'Arnaud de Roquelaure, évêque de Senlis, et de Henri-Joseph-Claude de Bourdeilles, nommé à l'évêché de Soissons, et ci-devant évêque de Tulle ; et, le lendemain 10 septembre, il prêta serment de fidélité entre les mains du roi, pendant la messe, dans la chapelle du même château. (Notes mss. du Dr Cousin, curé de Saint-Gervais d'Avranches, contemporain de Mgr de Durfort.)

(2) Mandement daté de Tours le 24 janvier 1766.

puisable douceur. Transféré à Montpellier (1) avant même
d'avoir visité sa première église, il montait sur un de ces
siéges souvent battus par les flots des passions humaines
et dont on peut dire avec saint Grégoire « Qu'est-ce
qu'un pouvoir élevé, sinon une tempête continuelle :
Quid est potestas culminis, nisi tempestas mentis (2) ? »
Le levain de discorde et de rébellion que la réforme avait
déposé dans le Languedoc trois siècles auparavant, y fer-
mentait encore, et le jansénisme, cette autre réforme
cachée sous le masque du respect, avait jeté dans les
mœurs publiques de profondes racines. Ce fut là que
notre prélat exerça pendant huit ans cette surveillance
spirituelle que Jésus-Christ a confiée à l'épiscopat sous
l'autorité même de la chaire de saint Pierre. Il s'y
montra l'homme de la doctrine, le gardien de la foi, le
prédicateur de la vérité, le dispensateur de la grâce,
le législateur et le juge des consciences, avec cette
énergie intérieure qui se connaît elle-même et qui ne se
lasse point, mais aussi avec cette action lente, mesurée,
pacifique, à laquelle le temps donne la victoire. Je ne vous
peindrai point ici les difficultés et les obstacles que son
zèle rencontra sans s'y briser : l'obstination des âmes
superbes à contredire la bulle *Unigenitus*, l'ingérence
sacrilége des pouvoirs publics dans l'administration des
sacrements, les refus que l'évêque opposa toujours au
nom du devoir, mais qu'il tempéra toujours par la charité, enfin, pour mettre le comble à tant de sollicitudes,
la secte des illuminés répandant ses fausses lumières au

(1) Le 25 mai 1766.
(2) *Pastor.*, Iª pars, c. IX.

milieu de toutes ces ténèbres et égarant dans une voie plus tortueuse encore ceux qui avaient déjà perdu, avec l'obéissance, les sentiers de la vraie foi. Mgr de Durfort était merveilleusement doué pour guérir et pour cicatriser toutes ces plaies. Purifier le sanctuaire et rétablir la splendeur du culte divin, extirper les hérésies, déraciner les abus ou les prévenir, aplanir les querelles, ramener la paix et la concorde, tel est l'objet de son ministère. Il écrit à son peuple : « Quoique le père de famille nous ait confié le soin d'arracher et d'abattre aussi bien que celui de planter et d'édifier, nous chercherons bien plus à mériter votre amour qu'à exciter votre crainte. Eh ! comment pourraient-ils s'effacer de notre cœur, les traits aimables dont le prophète Ezéchiel nous peint le pasteur fidèle ? Nous le voyons tantôt courant après celles de ses brebis qui s'égarent, tantôt relevant celles qui tombent ; ici il fortifie les faibles, là il bande les plaies de celles qui sont blessées ; toujours il guide leurs pas dans la droiture et la justice, et la verge qu'il tient à la main lui sert à diriger et à conduire, presque jamais à châtier. Puissions-nous réaliser à vos yeux une si touchante image [1] ! » Il appliqua à cette œuvre les qualités rares que Dieu lui avait départies et qui devaient faire le bonheur de plusieurs diocèses. Personne ne les avait possédées à un plus haut degré que saint Ambroise ; personne ne les a mieux décrites : « Ce sont, disait ce saint docteur, la modération selon la nature des choses, les œuvres

---

[1] *Mandement de Mgr l'évêque de Montpellier pour la visite générale de son diocèse.* (Collection de M. Cuinet, curé d'Amancey.)

selon l'opportunité des temps, l'esprit d'ordre dans le gouvernement, la mesure dans les paroles, le silence même, mais le silence qui fait les affaires : *silentium negotiosum* (1). » Ce silence s'impose par l'exemple, force à la réflexion les esprits les plus prévenus, et apaise, faute de matière, dans les cœurs les plus aigris, la flamme des passions. Il suffisait pour la pacification de la contrée que l'Eglise de Montpellier possédât pendant huit ans cette réserve prudente, cette dignité modeste, cette continuelle activité du saint évêque. Après un siècle, sa mémoire y est encore en bénédiction, et quand son nom y est prononcé, il y recueille des hommages unanimes, comme si on y éveillait, avec ce nom béni, le souvenir même du zèle le plus pur et de la sagesse la plus consommée.

Que les desseins de Dieu sont impénétrables ! Ce fut peut-être une pensée politique et humaine qui décida la cour de France à proposer l'évêque de Montpellier pour le siége de Besançon. La cour l'avait choisi sur la recommandation de son parent le duc de Duras, gouverneur de Franche-Comté, pour achever de conquérir, par le charme et le renom des plus douces vertus, une province conquise depuis cent ans par les armes, mais sinon rebelle ou mécontente, encore pleine de préventions contre des maîtres toujours étrangers à ses yeux. Le saint prélat ne vit dans ce choix, si flatteur pour la fidélité d'un sujet, qu'un redoutable ministère pour la responsabilité de son sacerdoce. Dès sa première instruction

---

(1) Moderatio pro negotiis, ordo rerum, opportunitas temporum, mensura verborum, silentium negotiosum. (*De Off.*, lib. I, cap. XXIV.)

pastorale, il a comme le pressentiment d'une lutte bien différente de celles qu'il a déjà soutenues contre le monde et contre l'hérésie : « Si la vie du chrétien, s'écrie-t-il, est un état continuel de guerre, qu'est-ce que la vie d'un évêque, toujours obligé de combattre et pour soi et pour les autres. » Il compte « ce peuple immense » qui remplit son diocèse, des hauteurs du Jura aux sources de la Saône, et il tremble d'en être devenu le pasteur. Il regarde ce siége antique où trois Grammont avaient passé avec tant de mérites et de bienfaits, et où un Choiseul venait de s'asseoir dans tout l'éclat de la pourpre romaine, et, ce sont ses paroles, « il s'effraie de tomber de si haut, parce que sa chute n'en serait que plus déplorable. » Non, vous ne tomberez pas, saint pontife, mais c'est vous qui dans les jours de la tempête soutiendrez cette chaire sacrée, c'est vous qui, semblable à Simon, fils d'Onias, raffermirez tout l'édifice de la religion, et votre tête chargée d'années sera la plus ferme colonne du temple : *et in diebus suis corroboravit templum* [1]. Je recueille encore dans ce premier mandement le dernier souhait tombé de votre plume : « Puissions-nous être votre gloire comme vous serez la nôtre au jour de Notre Seigneur Jésus-Christ [2], » et j'en vois aujourd'hui, même dès ce monde, dans cette pompe funèbre qui est devenue une fête, le plus solennel et le plus magnifique accomplissement !

Entreprendrai-je maintenant de vous faire le tableau

---

(1) *Eccli.*, L.

(2) Mandement de prise de possession de Mgr de Durfort. (Collection du chapitre métropolitain.) Nommé en 1774, ce prélat prit possession par procureur, et n'entra dans son diocèse qu'en 1776.

de sa vie et de ses vertus pastorales ? Le jour entier n'y suffirait pas. Signalons seulement les traits qui semblent le mieux la peindre et la résumer.

Je le vois, dès son arrivée à Besançon, prendre séance à l'Académie, la présider avec autorité, y introduire les prêtres éminents qui partagent avec lui le goût des lettres aussi bien que le poids des affaires (1), et célébrer devant cette compagnie, qui était déjà l'élite de la province, les rapports de la science et de la religion. Dans un tableau majestueux des merveilles de l'univers, il démontrait que contempler la nature c'était étudier son auteur, et faisait tour à tour l'éloge des sciences naturelles qui nous apprennent à connaître Dieu, de l'histoire, qui prouve sa Providence, de l'éloquence, qui le peint, et de la poésie, qui le chante (2). Mais la docte compagnie parut, en lui répondant, être l'heureuse interprète des sentiments de toute la province. Elle déclare que si, aux termes des statuts, l'archevêque a droit à la première place, les cœurs la lui décernent une seconde fois. Elle le félicite « de soutenir le caractère de prince et celui de pasteur avec une dignité modeste, d'associer les plus grandes vertus aux qualités les plus aimables, la charité au zèle, le don de sentir au talent heureux d'exprimer le sentiment, et, en faisant chérir un nom que la France respecte, de remplir le vœu des peuples, de posséder tout ce qui honore la grandeur même (3). »

(1) MM. de Clermont-Tonnerre, de Villefrancon et Durand, ses vicaires généraux.

(2) *Mémoires de l'ancienne Académie de Besançon*. Mgr de Durfort prit séance au mois d'août 1777, et il présida la compagnie en 1779.

(3) *Id.*, Discours de M. l'abbé Talbert.

Vous l'entendez : Mgr de Durfort fut aimé dès le commencement, et les premiers hommages qu'il reçut furent rendus à sa bonté. Parcourez tous les détails de sa charge et tous les degrés de la hiérarchie, vous recueillerez le même témoignage. Ce fut dans cette province, où le cœur se donne si lentement, parce qu'une fois donné il ne se reprend jamais, une confiance croissante, une vénération chaque jour plus universelle et plus filiale. L'exemple de cet amour vient de l'illustre chapitre de la métropole, les prêtres le suivent et le répandent, les fidèles l'imitent, et les diocèses voisins ont à peine entrevu ce bon pasteur, qu'ils disputent avec nous à qui le louera davantage et l'appréciera le mieux.

Mais si le chapitre, la cité, la province, les étrangers même, l'ont beaucoup aimé, comme le prélat le méritait bien et comme il le leur a bien rendu jusqu'à la fin !

Quel respect affectueux pour le vénérable évêque de Rhosy, son suffragant, qu'il place à la tête de tous ses conseils et qu'il appelle « un autre lui-même [1] ! » Quelle déférence envers les chanoines, et quel échange fraternel dans les marques de tendresse et d'estime qu'il leur donne et qu'il en reçoit? Il obtient du roi Louis XVI une décoration pour son chapitre, le chapitre lui décerne tout d'une voix le titre de chanoine honoraire [2], et le plus humble de ses titres, devenu, ce semble, le plus cher à son cœur, est encore aujourd'hui un grand hon-

----

[1] Mgr de Franchet de Rans, évêque de Rhosy *in partibus*, suffragant de Besançon.

[2] En 1784.

neur pour sa mémoire. Quelle confiance dans son clergé ! Il le réunit chaque année en synode, renouvelle en
sa présence les statuts anciens, en promulgue de nouveaux et ne congédie point l'assemblée sainte sans l'avoir
émue jusqu'au fond de l'âme par un discours pathé-
tique où l'on croit entendre un écho à peine affaibli
du cygne de Cambrai.

Quel abord facile et quel accueil prévenant pour les
fidèles comme pour les prêtres ! Ses pratiques sont
celles d'un religieux, mais ses relations sont celles d'un
homme aimable et né pour la société : *vir amabilis ad
societatem* (1). Sa maison ecclésiastique est comme une
autre famille, sa table abondante et hospitalière accueille
tous les jours les officiers de la garnison, son palais
s'ouvre à toutes les heures aux pauvres et aux petits.
Si vous pénétrez dans les secrets réduits de sa noble
demeure, vous y rencontrerez, non sans surprise, un
peintre poursuivi pour dettes, à qui il a commandé les
portraits de ses vénérables prédécesseurs, et qu'il paie
chaque semaine de la manière la plus délicate en faisant
deux parts de l'argent, l'une pour la famille et l'autre
pour les créanciers. Vous verrez, à côté de l'artiste, un
jeune enfant qui commence à broyer des couleurs, et que
le prélat caresse quelquefois de sa main paternelle en lui
disant : « Travaillez, petit peintre, aimez bien le bon
Dieu, et vous ferez votre chemin. » C'était pour l'avenir
l'assurance d'une haute et efficace protection. L'enfant
s'en est souvenu jusque dans les jours de sa vieillesse,
il est venu frapper un jour à la porte de ce palais, il y

____

(1) *Prov.*, XVIII, 24.

a trouvé la même simplicité, le même accueil, et, pour tout dire, un autre Durfort (1). Si vous visitez le château de Mandeure, vous apprendrez, de la bouche d'un gentilhomme réduit à cacher ses revers, que l'archevêque lui a donné, dans les murs de sa principauté ecclésiastique, un asile honoré. Les archéologues qui fouillent ce territoire, tout rempli d'antiquités romaines, vous parleront avec reconnaissance des encouragements du prélat ; et les paysans qui cultivent ces terres, derniers sujets d'un prince qui tenait le second rang dans les diètes de l'empire, vous diront, non sans émotion, combien il est agréable et doux de vivre sous la crosse.

Suivez le bon pasteur dans la visite de son diocèse : quels pieux transports ! quels honneurs empressés ! quel salutaire renouvellement des âmes ! Mais aussi quel zèle à les instruire et à les prêcher (2). Si la science fait le fond de ses instructions, la douceur fait le charme de sa parole ; il a le mérite de l'à-propos et le don de la répartie, et l'affabilité répandue dans toute sa personne attire et retient les peuples autour de lui. Pour l'aimer, il suffit de le voir ; dès qu'on l'a entendu, l'esprit est gagné aussi bien que le cœur, les préjugés tombent, la foi reprend son empire, et plusieurs de vos ancêtres ont voulu déposer à ses pieds les erreurs d'une longue incrédulité avec les péchés d'une longue vie, tant ils étaient sûrs d'avoir rencontré sur leur passage la

(1) Le récit de cette touchante anecdote a été fait par Mgr Mathieu, archevêque de Besançon, dans une séance de l'Académie.

(2) *Instruction pour une visite pastorale.* (Collection du chapitre métropolitain.)

bonne religion en rencontrant le bon pasteur. Entrez à sa suite jusque dans les terres de l'évêché de Bâle : les mêmes cris de joie frapperont vos oreilles, mais ici l'expression de la reconnaissance publique éclate avec celle de la vénération. C'est le métropolitain que l'on vénère dans l'office le plus auguste de sa charge : il vient sacrer un nouvel évêque et il le présente à son peuple avec la satisfaction que donne un choix fait selon Dieu [1]. C'est aussi le bienfaiteur qu'on remercie : il vient de se dépouiller, avec l'agrément de l'Eglise et de l'Etat, des droits que possédait son siége jusque dans le château de Porentruy, et si l'échange semble tourner au profit du suffragant, le métropolitain, heureux de ce sacrifice, en recueille des fruits plus doux encore, car il gagne plus d'affection et de cœurs qu'il n'a perdu de territoire et de sujets [2].

Pendant que les hommes admirent les actes de sa vie publique, sa vie privée fait l'admiration des anges. Il est des maisons qui lui sont bien plus familières que son propre palais, des maisons où il se rend presque chaque jour sans pompe et sans cortége, et où les épanchements de sa piété sont plus faciles à deviner qu'à décrire. Que de fois, dépouillant son front de la mitre et ses épaules du manteau de prince, n'est-il pas allé humilier ce front et courber ces épaules sur le pavé des

<hr>

[1] Mgr de Roggenbach, sacré prince évêque de Bâle dans le château de Porrentruy par Mgr de Durfort.

[2] Mandement pour l'échange conclu entre l'archevêque de Besançon et l'évêque de Bâle, suivi de lettres-patentes du roi et d'une lettre de M. de Chantemerle, commissaire du pape à ce sujet, 1er mars 1781. (Collection de M. l'abbé Cuinet, curé d'Amancey.)

cloîtres les plus austères ! Que de fois n'a-t-il pas répandu devant ces tabernacles ignorés du monde, les peines, les regrets, les tribulations de son ministère pastoral ! Humbles filles du Carmel, et vous, disciples si mortifiées de sainte Claire et de saint François, et vous, annonciades célestes, qui étiez dans la vieille cité de Besançon des modèles si parfaits de pénitence ou de recueillement, et vous, plus que toutes les autres, religieuses de la Visitation, répandues dans tout le diocèse comme les abeilles sorties de la ruche et chargées du suc des plus belles fleurs, c'est vous, peut-être, qui avez le mieux connu cette âme d'élite. A défaut de votre témoignage, je recueille ici celui de son plus cher confident, devenu à son école, pour le bonheur de l'Eglise de Nîmes, un si grand et un si miséricordieux pontife. Mgr de Chaffoy racontait, avec l'onction qui lui était si naturelle, combien se plaisait parmi les vierges, « ce cœur qui ne connut que les délices de l'Agneau sans tache ; » au milieu du renoncement évangélique, « ce cœur qui posséda sans se permettre de jouir et qui ne reçut que pour donner; » dans les lieux consacrés à la retraite, « ce cœur qui se produisait au monde par devoir et par zèle, mais qui recherchait la solitude par principe et par vertu; » aux pieds des autels de Jésus-Christ, « ce cœur qui était lui-même un autel où sa volonté propre était perpétuellement sacrifiée au Seigneur [1]. » Il l'avait entendu dire mille et mille fois et avec un goût merveilleux : « Aimez à n'être point connu et à n'être compté pour rien. » C'était la maxime familière du saint

(1) Voir aux pièces justificatives, note IV.

archevêque, l'abrégé de ses vertus, l'espérance de sa vie, et il mettait à la répéter une douceur, un charme, une vivacité même, qui la rendaient encore plus sensible. Dieu, voyant qu'il l'a comprise et pratiquée avec tant d'obstination et de ferveur, pendant soixante-quatre ans, va mettre tout à coup la lumière sur le chandelier. Qu'il vienne, ce vieux soldat de la prière et de la solitude, qu'il sorte du cloître, qu'il prenne les armes de la sainte milice, si bien préparées dans le silence. Il est de l'intérêt de la foi qu'il soit connu et compté pour quelque chose, il faut que le pontife se transforme en confesseur. Sa foi, si douce et si patiente, est une enclume qui brisera tous les marteaux, elle sauvera notre province, et la victoire restera à Dieu, à Jésus-Christ, à son Eglise.

II. L'erreur la plus commune et l'injustice la plus criante est de représenter le prêtre comme l'ennemi irréconciliable des sociétés modernes. Victime de la Révolution, on ne lui pardonne encore ni les vertus qu'il a déployées dans cette affreuse tourmente, ni les maux qu'il y a soufferts ; on oublie avec une perfidie calculée que, loin de condamner les aspirations légitimes des hommes vers une liberté meilleure, il n'a cessé nulle part de se montrer l'ami des sages réformes, et que partout où il recule, ce n'est jamais devant le progrès, mais devant l'erreur. Aux pauvres âmes remplies de cruels soupçons et de méfiances injurieuses, nous ne répondrons qu'en mettant sous leurs yeux des faits plus éclatants que le soleil. Nous ne nous lasserons pas de répéter qu'entre l'Eglise catholique et les âmes honnêtes il ne peut y avoir ici qu'un malentendu, une confusion de mots, de dates et de souvenirs. Au lieu de déclamer, relisons l'histoire, suivons les événements, et jugeons-les en honneur et conscience.

Je viens donc vous le dire au nom de ce pontife dont la vie est comme une éloquente confession de la vraie doctrine, devant ce cercueil qui a enfermé tant de sympathies sincères et loyales pour les réformes utiles et pour les principes même de notre droit public, avec une aversion si légitime pour l'erreur et pour le mal : Si la Révolution n'avait attaqué et détruit que les abus, le clergé ne lui eût décerné que des louanges. Si elle n'avait demandé que des sacrifices pécuniaires, le clergé les eût doublés spontanément, car il n'a jamais reçu que pour donner, et il n'y a pas d'âme plus française que la sienne. Si elle n'avait remué que l'antique constitution du pays et les bornes de la royauté, si même elle n'avait changé que la forme du gouvernement, le prêtre, qui est, sous tous les gouvernements, l'homme de Dieu et l'homme du peuple, n'eût guère donné à la vieille race de nos rois, avec laquelle il avait fait une si longue et une si utile alliance, que des larmes et des regrets. Mais quand la Révolution touche à l'arche sainte, quand elle s'attaque au temple, au prêtre, à la foi, ne demandez ni à la foi de changer, ni au prêtre d'abandonner la foi. On le pousse jusqu'à l'autel, il lui faut résister et combattre jusqu'à la mort, et il n'y a plus qu'une réponse à faire à la Révolution ; ce sont les apôtres qui l'ont dictée : Il vaut mieux obéir à Dieu qu'aux hommes : *Obedire oportet Deo magis quàm hominibus* [1].

(1) *Act.*, v, 29.

Mais quelle résistance et quel combat ! c'est la résistance
de la douceur contre la force ; c'est le combat de l'agneau
au milieu des loups. Parlons ici le langage de Bossuet, car
le sujet le mérite. Mgr de Durfort « fut doux » envers la
Révolution « comme il était doux envers tout le monde.
Il ne s'aigrit ni ne s'emporta contre elle, content de l'en-
visager sans émotion et de la recevoir sans trouble (1). »
Trop clairvoyant pour s'enivrer de ces trompeuses espérances qui ont aveuglé un instant les meilleurs esprits,
il est trop sage pour répandre et propager des alarmes
indiscrètes. Dieu seul, il le sent, peut sauver la patrie ;
et c'est pourquoi dès l'ouverture des états généraux il le
conjure « d'éclairer l'auguste assemblée sur laquelle reposent les destinées de la France, de lui donner cette sagesse qui veut le bien, cette force qui l'entreprend, ce
discernement qui en choisit les moyens (2). » Deux mois
après, la révolution n'est déjà plus la même : la Bastille
tombe, le sang coule, Paris voit les premières têtes
promenées dans les rues au bout d'une pique, et les
provinces se remplissent de faulx menaçantes. Notre
archevêque, toujours semblable à lui-même, ne voit
dans ces événements qu'un motif pour redoubler de
charité envers les pauvres et de condescendance envers
les nouveaux législateurs. Que Besançon vienne à perdre
un des députés de son bailliage à la constituante,
M. l'avocat Blanc, nom si cher encore à la province et si
agréable à la magistrature, le prélat fait prendre à
cette métropole le deuil des rois et célèbre l'office fu-

(1) *Oraison funèbre de Madame.*
(2) Mandement du 13 mai 1789.

nèbre. Que les trois couleurs deviennent l'étendard national, il les bénit du haut de cet autel dans les mains de la milice bisontine, et il vante le patriotisme autant que la piété de ces soldats improvisés la veille [1]. Que l'extrême rareté du numéraire augmente chaque jour l'embarras des finances, après s'être dépouillé lui-même de son argenterie, il consent, à la prière du roi, à dépouiller les églises de leur plus riche parure, rappelant au clergé que « si pour aider la faiblesse humaine les cérémonies saintes ont besoin d'appareil, les vertus du prêtre en doivent faire constamment la gloire et en être les plus précieux ornements [2]. » Faut-il abandonner à la nation une partie des revenus ecclésiastiques, il se déclare prêt à les céder. La nation a-t-elle résolu d'usurper et de prendre ce patrimoine quinze fois séculaire, il en gémit entre le vestibule et l'autel, et il souffre, sans se plaindre, une injustice qu'il aurait voulu prévenir par la plus spontanée et la plus magnifique des offrandes. L'usurpation est-elle consommée, les belles forêts plantées ou défrichées par l'Eglise deviennent aussitôt la proie d'une multitude qui les saccage et qui les dégrade ; mais le saint archevêque reprend la plume, couvre de sa protection les domaines qu'il a perdus, et demande qu'on respecte dans les mains de l'Etat les richesses que l'Etat n'a pas respectées dans les mains de l'Eglise [3]. Dites, n'est-ce pas là le prêtre tel que Montlosier venait de le peindre quand il s'écriait

---

(1) Discours du 22 novembre 1789.
(2) Lettre du 14 octobre 1789.
(3) Lettre du 11 décembre 1789.

avec tant d'éloquence : « Vous les chasserez de leur palais, ils se réfugieront dans la cabane du pauvre qu'ils ont souvent nourri et consolé; vous leur ôterez leur croix d'or, ils prendront une croix de bois, et c'est une croix de bois qui a sauvé le monde. »

Est-ce assez de sacrifices et de résignation ? Non, il ne reste plus guère à Durfort que sa croix de bois quand les autorités nouvelles du département, sans attendre même les décrets de l'assemblée, demandent au prélat le serment de la fédération. Il le prête, parce que la fidélité jurée à la nation, à la loi et au roi, pouvait ne s'entendre encore, en toute rigueur, que de l'ordre civil et politique (1). Mais ici, soyez attentifs, l'usurpation commence, et la résistance du pontife va commencer.

La constitution civile du clergé fut la faute capitale de la Révolution. Etait-elle la conséquence naturelle et presque inévitable des fautes précédentes, je ne le décide point, et je laisse aux sages de le conjecturer plutôt que de le prononcer hautement. Qu'on fasse et qu'on réforme des lois défectueuses, qu'on change de drapeau, de dynastie et de gouvernement, c'est le propre des ins-

---

(1) Pour bien apprécier cette décision, alors généralement suivie, il est important de remarquer qu'à l'époque dont il s'agit, la constitution civile du clergé, qui excita bientôt après de si vives réclamations, n'avait pas encore force de loi. Elle était, il est vrai, décrétée par l'assemblée, mais le roi n'avait pas donné sa sanction et l'on pouvait espérer qu'il la refuserait. Le serment prêté à l'époque de la fédération avait donc uniquement pour objet la fidélité à la constitution, dans l'ordre civil et politique et dans tout ce qui ne répugnait pas à la conscience. C'est ainsi que s'en était expliqué, en pleine assemblée, Mgr de Bonald, évêque de Clermont, dans la séance du 9 juillet, et la plupart des évêques et des prêtres qui étaient présents avaient adhéré à sa réclamation. (*Vie de M. Emery*, I, 230.)

titutions humaines et le jeu ordinaire des empires ; mais une fois qu'on remue les bornes de la religion, tout s'ébranle autour de ces terres désormais incapables de consistance, tout croule et tout s'effondre dans l'abîme entr'ouvert. Il est temps que l'histoire ne mente plus à la vérité aussi bien qu'à l'honneur, en présentant le schisme comme un retour aux premiers âges et le serment constitutionnel comme un devoir justement imposé à la conscience sacerdotale. Non, ce n'était pas, pour l'Eglise de France, remonter aux temps apostoliques que de briser la chaîne des traditions en se séparant de l'Eglise universelle, qui est son tout, et du saint-siége, qui est son centre ; c'était redescendre au XVIᵉ siècle, ou tout au plus au IXᵉ, et se condamner à l'isolement de l'Eglise anglicane ou de l'Eglise grecque. Non, ce n'était pas le droit de l'Etat de supprimer d'un seul coup cent trente-cinq siéges, d'en établir de nouveaux, de donner, d'étendre ou de restreindre la juridiction des évêques, de déterminer les formes de leur élection ou de composer leur conseil, car ce n'est ni aux princes ni aux assemblées populaires, mais aux successeurs des apôtres et aux successeurs de Pierre, qu'il appartient d'instruire et de paître ; c'est aux apôtres seuls que Jésus-Christ a dit : *Enseignez toutes les nations*, au pape seul qu'il a dit et des fidèles et des évêques : *Paissez mes agneaux, paissez mes brebis.* Non, mille fois non, ce n'était pas le devoir du prêtre de lever la main et d'ouvrir les lèvres pour sanctionner par un serment ces atteintes mortelles portées à l'autorité du saint-siége et à la discipline de l'Eglise. Que l'histoire le dise donc avec franchise, si elle est éclairée, si elle veut être sincère, si elle ambitionne d'enseigner les peuples au lieu de les séduire : l'assemblée était incompétente, l'usurpation manifeste, l'attentat sacrilége. Mais la charité la plus compatissante, la douceur la plus évangélique, pouvaient encore demander un délai. La foi, avant de prononcer le *non* fatal, le *non* immortel, voulait encore consulter le saint-siége, attendre et s'abstenir.

Mgr de Durfort attendit, avec quelle patience et quels mérites, vous le savez. Les autorités nouvelles l'invitent à concourir au bouleversement de son diocèse ; il ajourne sa réponse, il oppose aux plus vives instances des délais prudemment calculés, il attend et il espère toujours. Il attend que Rome ait parlé, il espère que la France s'inclinera devant cette parole et qu'elle ne méconnaîtra pas les droits de l'Eglise. Que voulez-vous de lui ? Une démission de son siége ? Il y songe un moment ; mais sa fidélité ne peut la remettre qu'aux mains du saint-père, et le saint-père la refuse. Une condamnation anticipée du schisme ? On le presse de la faire, mais il répugne à sa prudence de devancer le jugement même le plus facile à prévoir. Toute la suite de sa vie et de ses paroles garde le même caractère. A quelque page que vous ouvriez ses mandements ou sa correspondance, vous n'y trouverez, comme dans l'Evangile, ni violence ni emportement. Le jour du serment arrive, et chacun se demande quel exemple donnera l'archevêque. Que les esprits violents n'attendent de lui ni ce ton superbe, ni cette force hautaine et contentieuse de ceux qui mettent toute la religion dans le zèle au lieu de mettre tout le zèle dans la religion. Mais que les esprits faibles comptent encore moins sur sa faiblesse. Sa conscience lui fait un devoir impérieux de ne pas prêter, sans l'aveu du saint-siége, un serment qui intéresse la juridiction spirituelle ; il s'excuse donc auprès des représentants de la commune, « ayant attendu, dit-il, jusqu'au matin même, le courrier qui pouvait lui apporter de Rome une règle de conduite (1). » Le schisme éclate et prétend lui donner un successeur ; il ne refuse pas de discuter avec l'élu de la constitution civile, mais sans aigreur ni dureté, de peur de briser, dans cette pauvre âme, *le roseau à demi rompu et d'éteindre la mèche qui fumait encore* (2). Le schisme se consomme et le faux pasteur, longtemps incertain, essaie, dans le trouble de son cœur honnête, mais surpris, de faire valoir la pureté de ses intentions. Le vrai pasteur « ouvre encore, comme dit saint Chrysostôme, les filets de sa miséricorde pour retirer son frère de l'abîme (3). » Il lui doit la vérité et il vient la lui dire : « il lui montre charitablement ses préjugés et ses erreurs ; il lui rappelle la conduite irréprochable qu'il a tenue jusque-là ; et le vœu le plus ardent de son cœur est de lui conserver pour la vie toute son estime et tout son attachement (4). » N'est-ce pas là le plus doux des hommes ? N'est-ce pas à ce signe que l'on doit reconnaître le vrai chrétien de celui qui a dit de lui-même : *Apprenez de moi que je suis doux et humble de cœur* (5).

Cependant Rome a parlé et la cause est finie. L'archevêque, jusque-là silencieux et recueilli, parle à son

(1) Lettre au président du conseil général du Doubs, 22 janvier 1791.
(2) *Matth.*, XII, 20.
(3) *In Matth. homil.* XXX, n° 1.
(4) Lettre au président du conseil général du Doubs.
(5) *Matth.*, XI, 29.

tour, monte sur la brèche et y combat avec une réso-
lution qui n'a rien d'égal que sa douceur. Une délibération municipale le chasse de son palais, il répond
avec une apostolique magnanimité qu'on ne saurait le
faire descendre de son siége. Ecoutez cet autre Fénelon
devenu tout à coup un autre Athanase : « Je déclare
qu'ayant été pourvu par l'autorité de l'Eglise de l'archevêché de Besançon, je ne puis en être dépouillé que
par une démission volontaire que ma conscience ne me
permet pas de donner, ou par une déposition canonique
qu'avec l'aide de Dieu je ne mériterai jamais (1). » Le
voilà donc banni de cette antique demeure où tout respire sa vertu, où tout parle de ses bienfaits. Il sort,
mais ce n'est pas pour prendre la fuite, c'est pour se
retirer, comme un évêque des premiers siècles, dans
quelque maison chrétienne, visiter le soir les familles
fidèles, et y administrer, de concert avec Mgr de Rhosy,
son dévoué suffragant, le sacrement de confirmation aux
enfants à peine sortis du berceau. La commune en prend
ombrage (2), mais lui ne songe qu'à la foi, ne voit que les
âmes, ne pleure que sur leur perte. S'il y a quelques
défections, que de traits de fidélité bien faits pour consoler le cœur d'un père ! L'archevêque a refusé le serment, presque tout le clergé le refuse après lui. Voici
d'abord les dignitaires de son église : pas un n'hésite,
pas un ne trébuche dans la voie droite. Ce sont les
diacres qui suivent le pontife, comme autrefois le digne

____

(1) Lettre du 25 avril 1791.
(2) *Adresse de la municipalité de Besançon.* (Collection du chapitre
métropolitain.)

Laurent a suivi saint Sixte jusqu'au martyre. Le séminaire est unanime : il avait enseigné la foi dans une science profonde, il la confesse maintenant avec une admirable simplicité. Regardez le corps des curés dans cette épreuve aussi délicate que dangereuse ; sollicitations, menaces, promesses, rien n'en ébranle l'immense majorité. La signature du plus infortuné mais du plus vertueux des rois a sanctionné la constitution, le saint-siége ne l'a pas condamnée encore le jour où on leur demande de la jurer ; n'importe, l'instinct du droit les domine, la vérité les éclaire au dedans avant d'éclater au dehors ; ils ont prêché la foi par leurs discours, ils la glorifient maintenant par leurs exemples. La Révolution a ouvert les cloîtres ; n'importe, presque toutes les religieuses refusent d'en sortir, et il faut les en expulser par la violence ; elle a aboli les vœux monastiques ; n'importe, les liens que l'on croyait les plus relâchés se resserrent comme par un miracle sous la main impie qui essaie de les rompre, et les nobles chanoinesses, dont la vie semblait plus mondaine que régulière, n'en donnent pas moins l'exemple de la persévérance. Le misérable parti du schisme et de la licence n'aura pas même une de ces humbles filles dont la dépendance devrait, ce semble, soupirer davantage après la liberté : les sœurs converses de tous les couvents suivent sans exception le parti du devoir. On espère, pour conjurer cette résistance et masquer cette défaite, retenir au moins le peuple dans le bercail abandonné, et on lui envoie des prêtres intrus qui lui diront la messe. Mais le peuple comtois a une religion ferme et éclairée, une messe célébrée par n'importe quel prêtre ne saurait convenir à ces villages dont l'instruction égale l'intelligence, où l'art de lire, d'écrire et de compter ne date pas d'hier, comme on se plaît à le croire par ignorance ou à le dire par vanité, mais où chacun a lu son catéchisme, où chacun écrirait son *Credo* aux registres des baptêmes et signerait au besoin les délibérations municipales aux registres de la commune, où l'on sait assez de théologie et d'histoire pour ne pas se tromper sur cette constitution civile qui trompe les âmes superbes. Voilà le peuple tel que le faisait la foi à l'école de nos archevêques. O Raymond ! que cette fidélité est belle ! que de fruits porte votre noble conduite ! Quelle consolation dans vos disgrâces, et qu'il vous sied bien de dire, comme l'Apôtre , en remerciant le Seigneur : *J'ai combattu le bon combat et j'ai sauvé la foi : Fidem servavi.*

Quand il faut sortir de Besançon, ce n'est qu'à petites journées qu'il s'en éloigne et comme en se retournant toujours, d'étape en étape, vers le peuple dont il entend ou dont il devine les regrets. Les cloches sont muettes sur son passage, les églises, pour le recevoir, ne se parent plus de tentures ni de fleurs, mais l'humble prêtre qui a refusé le serment et qui ne cesse pas d'être le vrai curé, vient encore baiser l'anneau de celui qui n'a pas cessé d'être le véritable évêque ; les fidèles viennent encore par centaines se courber sous sa bénédiction émue et silencieuse. S'il n'a plus d'aumônes à répandre, il est plus riche que jamais des dons de la grâce et de la foi. C'est la foi que les mères lui demandent en mettant leurs enfants sur ses genoux pour qu'il les confirme ou qu'il les bénisse à la veille de la tempête révolutionnaire; il cède à ces pieuses instances, et les larmes de l'illustre confesseur, mêlées au sang de Jésus-Christ dans le chrême de la confirmation, donnent à l'onction sainte encore plus de force et de douceur. Il s'arrête à Pontarlier, moins pour y respirer un peu que pour y attendre, comme le père du prodigue au sommet de la montagne, quelques-uns de ses prêtres dont la défection avait étonné son cœur, mais dont le retour fut aussi prompt que l'égarement, et auxquels il ouvrit avec une joie indicible ses bras paternels. Cependant le schisme qui lui avait ôté son palais lui envie jusqu'au modeste asile que l'abbé de Chaffoy lui avait offert et où sa fidélité l'avait suivi. O cruelles extrémités ! il faut quitter Pontarlier, il faut quitter la France, et le confesseur va devenir un exilé. Que Dieu vous protége et vous récompense, antique et pieuse cité qui l'avez accueilli à la veille de cet exil ! Vous l'avez vu tracer pour la dernière fois sur sa patrie et sur son diocèse le signe auguste de la rédemption ; vous aurez au retour les premières grâces sorties de son cercueil. Quand il rentre, après soixante-seize ans, par le même chemin, mais avec un appareil bien différent, il me semble qu'en retrouvant au milieu de vous le même attachement à l'Eglise, ses ossements tressaillent, sa droite se lève, et sa bouche se ranime pour s'écrier avec l'apôtre : *Fidem servavi: J'ai donc sauvé la foi !*

Il a sauvé la foi, et avec la foi l'honneur de son nom, l'indépendance de son caractère, la dignité de son Eglise. Ne me demandez pas où il portera ce sacré dépôt : ses regards se sont déjà tournés vers la Suisse aux franches montagnes et aux villes hospitalières. Pour le champion de l'honneur, c'est la terre du courage ; pour l'homme indépendant, c'est la terre de la liberté ; pour l'archevêque de Besançon, c'est encore le territoire métropolitain, et au delà comme en deçà du Jura, il ne tiendra pas aux nobles enfants de Guillaume Tell et de saint Nicolas de Flue qu'il ne se croie encore dans sa patrie, dans son Église, tant ils se montrent respectueux envers sa personne, sympathiques à ses douleurs, attentifs à ses besoins et à ses désirs. A la première nouvelle de son arrivée à Soleure, le chapitre de la collégiale et les deux conseils de l'État se réunissent dans le touchant accord des plus généreux sentiments, et l'évêque de Lausanne accourt, pour se mettre à leur tête, des montagnes lointaines de Fribourg, où la réforme a relégué depuis plus de deux siècles, loin de sa chère cathédrale, l'illustre suffragant de Besançon. Ce serait une fête, s'il y avait des fêtes pour le bon pasteur séparé de son troupeau. Le saint confesseur ne saurait se réjouir, mais il prêche encore, il prie avec plus de ferveur que jamais, et c'est par des prières et des discours qu'il paie au peuple de Soleure la dette de l'hospitalité. A Soleure comme à Besançon, il préfère l'obscurité à la gloire, et il fait d'un humble monastère de la Visitation le principal objet de ses soins apostoliques. Il lui semble revoir les cloîtres de sa ville métropolitaine ; il lui semble retrouver ces chastes épouses de Jésus-Christ, cette portion chérie de son troupeau, qui demeurait si courageuse dans la persécution et dont les épreuves si dignement soutenues étaient le plus cher entretien de son exil. Mais c'en est trop pour une âme si douce et si tendre de souffrir quelques mois loin du diocèse dont il veut demeurer pasteur jusqu'au dernier soupir. On ne brise pas tant de liens sans se briser soi-même. Les désordres du schisme, les maux de la France, l'appréhension d'un avenir plus douloureux encore que le présent, les rigueurs de la saison, les fatigues de l'apostolat, tout ce qui peut déconcerter un esprit juste, un cœur sensible, un corps affaibli, l'accable et le désole à la fois. Sentant que son heure va venir, il aime à sortir par avance du temps et du changement, et à entrer en esprit dans son éternité. Son dernier discours avait été une peinture sublime de la mort du juste, ses derniers entretiens avec sa famille et ses amis en seront comme la touchante préface. Il me semble le voir, ce grand pontife, achevant de souffrir, mais non d'espérer ni de prier, aux portes de Soleure, dans cette salle du château de Blumenstein [1] où une noble famille a accueilli son naufrage. Sa face vénérable, à laquelle la souffrance n'ôte rien de son angélique douceur, s'illumine de toutes les clartés de la plus chrétienne agonie ; la mort approche pour y jeter bientôt l'empreinte de sa majesté muette ; des nièces bien-aimées se désolent à la pensée de le perdre ; des prêtres qui ont partagé sa disgrâce, se tiennent auprès de lui, attristés et silencieux ; seul, M. de Chaffoy suffit aux devoirs de cette dernière nuit. Que le prélat dise, comme saint Grégoire VII expirant à Salerne :

---

[1] Ce château appartient aujourd'hui à MM. de Glutz, qui descendent d'une nièce de Mgr de Durfort et qui continuent dignement, avec MM. de Sury, autre branche de cette famille, la maison de Durfort-Léobard, dans la contrée hospitalière où mourut ce grand prélat. En France, les Durfort-Léobard ont fini dans la personne de Mme la comtesse de Faucigny-Lucinges, petite-nièce de Mgr de Durfort.

« J'ai aimé la justice, j'ai haï l'iniquité, et c'est pour cela que je meurs en exil. » — « Non, lui répondra son fidèle vicaire, car toute la terre est au Seigneur, dont vous êtes le pontife. » Que les noms les plus chers à sa mémoire soient à peine articulés par ses lèvres mourantes, Chaffoy les devine et promet de s'en souvenir au saint autel. Encore un soupir, c'est encore une prière pour son diocèse ; encore un regard vers Dieu, c'est encore pour sa patrie, plus malheureuse que coupable, une demande d'oubli et de pardon. Il expire aux premiers rayons de l'aurore, c'est l'aube du jour éternel qui se lève pour lui. Voilà le terme du bon combat : *Bonum certamen certavi ;* la fin de la carrière : *cursum consummavi.* Il meurt en exil, mais il y meurt sans faiblesse et sans trouble, il y meurt archevêque de Besançon, la foi est sauvée et son triomphe commence pour ne plus finir : *Fidem servavi.*

Bossuet faisait des oraisons funèbres en présence des restes encore tièdes des grands de ce monde, et après la cérémonie tout était fini. J'ai aujourd'hui un plus grand devoir et il ne manque qu'une autre voix pour le bien remplir. Ce corps enseveli depuis soixante-seize ans, ces ossements desséchés, ont droit à un panégyrique. Ainsi le veut la justice de Dieu, pour qui les siècles sont des instants, qui veille sur les reliques des saints, et qui, tôt ou tard, leur fait décerner sur la terre jusqu'à ces faibles honneurs dont nous entourons les morts.

III. Il faut achever mon texte. L'apôtre qui a gardé la foi attend une couronne : *In reliquo reposita est mihi corona justitiœ.* C'est à trois reprises que ces paroles se sont vérifiées pour notre saint pontife, car sa vertu triomphe dans son exil au milieu d'un peuple étranger, dans le ciel au milieu des anges et des martyrs, dans son Eglise enfin, au milieu des pompes de son retour et parmi les enfants de sa paternité spirituelle.

Qu'elle est belle, même sur la terre de l'exil, la première couronne que forme autour de ce cercueil le peuple de Soleure! Les écoliers du gymnase, qui ouvrent la marche funèbre, viennent apprendre à honorer la foi ; la communauté des hôteliers, jalouse de remplir jusqu'à la fin les devoirs de l'hospitalité, députe ses représentants pour porter le corps sur un lit de parade, et remettre ce précieux dépôt aux mains du clergé. L'archevêque, le visage découvert, est entouré des insignes de sa charge : l'épée de l'empire marche devant lui ; derrière, se presse une foule immense où se mêlent les prêtres et les fidèles, les serviteurs et les amis de l'exil ; et l'abbé de Chaffoy, qui mène ce grand deuil, semble y représenter lui seul toute la Comté, tant ses larmes sont abondantes. Je vois le saint confesseur traverser la prairie, aborder les remparts et passer, comme en triomphe, sous les portes de la ville, où l'attendent le chapitre, les deux conseils de l'Etat, et, selon l'expression de la chronique, « toute la louable bourgeoisie, en fraises, en manteaux et en épées (1). » La milice nationale forme la haie, les tambours battent aux champs, la grande garde salue le cortége de ses détonations, et celui à qui on rend tous ces honneurs semble sourire, comme du haut de son trône, aux hôtes de son exil. Il

____

(1) Voir aux pièces justificatives, n° III.

entre, l'anneau à la main, la croix sur la poitrine, la mitre en tête, dans la cathédrale de Saint-Urs ; et quand l'office est achevé, tout le peuple vient appliquer une dernière fois ses lèvres respectueuses à cet anneau pastoral, retenu jusqu'à la fin, avec une fermeté si douce, par cette main qui ne l'avait reçu que de Dieu et qui n'a voulu le rendre qu'à lui. C'est ainsi qu'on honore la fidélité, c'est ainsi qu'on glorifie la foi. Quelle leçon pour le schisme, si le schisme avait eu des oreilles pour l'entendre ! Le clergé et le peuple de Soleure confessaient la vraie doctrine en couronnant le confesseur de Besançon. Le vénérable évêque de Rhosy ne saurait trop les en remercier : « Votre conduite, leur écrit-il, atteste hautement que nous sommes en communion avec vous, et par conséquent que nous appartenons à l'Eglise catholique. L'Eglise constitutionnelle, qui s'élève sur nos ruines, mérite le reproche que saint Augustin faisait aux donatistes. Cette Eglise ne s'étend pas au delà de la France, comme celle de Donat ne passait pas les limites de l'Afrique. Mais l'Eglise catholique est partout où se trouve la communion avec les autres Eglises [1]. » L'Eglise de Besançon avait promis de faire à nos plus reculés neveux le récit de ces funérailles triomphales célébrées par l'Eglise de Soleure. J'acquitte aujourd'hui cette promesse sacrée, et je proclame, à la louange de la Suisse catholique, que c'est elle qui nous a raffermis dans la foi et dans la doctrine, en accueillant avec tant de distinction l'illustre banni et en déposant sur sa tombe la première couronne.

(1) Pièces justificatives, nos V et VI.

Cependant les sanctuaires de Soleure se disputent l'honneur de recevoir sa noble dépouille et les bénédictions attachées à ce sacré dépôt. Celui du collége obtient le corps ; celui de la Visitation aura le cœur et les entrailles. Il était juste qu'il fût placé dans un asile virginal, ce cœur qui avait été la pureté même ; il était juste qu'il reposât parmi les filles de saint François de Sales, ce cœur qui exhalait la douceur du saint évêque de Genève et qui était tout rempli des flammes de son zèle. On l'enterre au pied de l'autel du Saint-Sacrement, et c'est encore la place qui lui convient, car ses principales affections se sont portées vers le mystère d'amour. Croyons-en l'abbé de Chaffoy, dont le nom se mêle à toute cette vie, et qui a choisi cet asile pour un cœur qu'il connaissait si bien. Après avoir orné la couronne de son archevêque avec les fleurs de la pureté, du zèle, de la piété, qui ont fait le charme de cette vie sacerdotale, et dont l'éclat n'a point pâli sur la terre étrangère, il la dépose entre les mains des religieuses de la Visitation, en leur disant, avec une hardiesse peut-être prophétique : « Vous possédiez son cœur pendant qu'il vivait, la mort ne vous l'a point ravi. En invoquant saint François de Sales, vous penserez au prélat qui vous en retraçait les vertus, et parmi vos protecteurs, après saint François de Sales, vous compterez le bienheureux Raymond de Durfort [1]. » Gardez-le, saintes filles, ce cœur qui vous a été remis au nom de tout le diocèse. Besançon, qui recouvre aujourd'hui le corps de son archevêque, laisse volontiers entre vos mains cette

____

[1] Pièces justificatives, nº IV.

autre partie de lui-même, la plus noble et la meilleure, comme disaient les anciens, pour qu'elle demeure le lien de deux nations amies et l'âme commune de leur foi.

Après les hommages de la cité, après les ferventes prières du cloître, manquait-il quelque chose encore à la gloire de cet immortel exil? Oui, sans doute, car un jour la ville et les environs de Soleure se remplirent d'une foule étrangère. Soleure avait donné la couronne, les filles de la Visitation l'avaient semée des fleurs de la piété, c'est au clergé de Besançon d'en composer la devise et l'inscription. Huit cents prêtres que la tempête révolutionnaire avait chassés, viennent par tous les chemins de ce fidèle canton s'agenouiller ensemble au tombeau de Durfort. Ils y versent autant de larmes que de prières, ils y laissent avec l'empreinte de ces larmes celle de leurs sentiments, ils y écrivent ces belles paroles, où l'on ne sait ce qui respire le plus, de la tristesse, de la foi ou de l'amour : *Patri suo Raymundo, exules exuli, mœsti posuére.* A Raymond ! à leur père. Les prêtres exilés du diocèse de Besançon, à leur évêque mort en exil ! Laissez couler de ces yeux les larmes de la tristesse, laissez tomber de ces mains les fleurs empruntées à la terre étrangère. Un jour, une autre assemblée, non moins nombreuse que la première, se formera autour de cette dépouille refroidie par le temps ; les successeurs de ces généreux bannis, qui n'auront jamais mangé le pain amer de l'exil, recevront dans ce temple le pontife rendu à sa patrie ; il n'y aura plus d'exil, mais il y aura encore un père et des enfants ; mais de près ou de loin, les deux mille prêtres de la Comté s'écrieront en saluant cet immortel cercueil : *A leur père, à Raymond.* Non, des pics du Jura aux ballons des Vosges, des hautes vallées où serpente le Doubs jusqu'aux prairies où se promène la Saône, non, il n'y a pas un prêtre qui, en montant à l'autel, ne se retourne aujourd'hui vers cette métropole pour répéter l'adieu de l'exil, devenu le cri de joie du retour : *Patri, Raymundo !* à notre père, à Raymond !

Mais j'interromps l'ordre de mon histoire : avant ce jour heureux, il a été déposé sur cette tombe une autre couronne ; c'est une couronne invisible, ce sont les anges qui l'ont apportée. La constitution civile du clergé ne fait pas longtemps attendre ses fruits de mort, la religion qu'elle avait établie disparaît comme une ombre, la persécution redouble, ce n'est plus l'exil que la fidélité méritera désormais, c'est le martyre. Mgr de Durfort, qui a été dans notre province le premier-né de cet exil, et qui de tous les évêques bannis par la persécution, est mort le premier loin du sol de la France, peut se lever dans toute sa gloire en regardant de quel pas ce clergé et ce peuple vont monter à l'échafaud, sous l'influence de ses exemples et sous les auspices de son nom. Religieux, curés, vicaires, simples fidèles, on les compte par centaines. Quatre capucins marchent à leur tête, et l'un d'eux, que ses juges voulaient sauver, meurt pour n'avoir pas su mentir, digne enfant d'un pontife qui avait quitté sa patrie pour n'avoir pas su se parjurer [1].

______

[1] Les PP. Lacour, de Vyt-lez-Belvoir ; Pegeot, de Soye ; Peusselet, d'Arc-lez-Gray, et Cornibert, de Saint-Loup.

Les cordeliers de Besançon, dont l'église lui était si chère, ont leur martyr [1] ; Pontarlier, qu'il a béni au départ, verra tomber la tête de dom Lessus, ce chartreux si parfait devenu un missionnaire si intrépide ; mais l'humble village de Chaffoy, qui a donné son nom au vicaire du prélat, a donné un hôte à dom Lessus : cet hôte partage avec lui la gloire de l'échafaud, et les fleurs de leur commune sépulture embaument encore aujourd'hui toute la contrée [2]. Trois curés, un lazariste, un chapelain et le noble chantre d'une collégiale, ajoutent encore à ce martyrologe [3]. Enfin ce sont les vicaires qui moissonnent le plus de palmes : on n'en compte pas moins de dix dans cette troupe immortelle, et c'est le plus beau fleuron de la couronne de notre pontife, car ils ont été presque tous enfantés à Jésus-Christ par son ministère, tous portés dans ses entrailles, élevés à son école et revêtus par lui de la dignité sacerdotale [4].

Quand l'échafaud est abattu, la liste des martyrs franc-comtois ne cesse de se remplir. Sept ecclésiastiques trouvent sur les pontons de Rochefort une mort

(1) Le P. Cortot, de Cintrey.

(2) D. Lessus, de Bonnétage, et son hôte, Barthélemi Javaux, de Chaffoy.

(3) Les trois curés tombés sous les balles sont MM. Pescheur, de Cirey-lez-Bellevaux, Patenaille, d'Echenoz-la-Meline, et Galmiche, de la Villedieu ; le lazariste est M. Martelet ; le chanoine, M. de la Pierre, chantre de la collégiale de Baume, et le chapelain, M. Boutelier, de Louhans.

(4) MM. Tournier, de Noël-Cerneux ; Capon, de Besançon ; Huot, de Laviron ; Renel, de Dole ; Robert, de Mont-de-Vougney ; les deux abbés Roch, de Provenchère ; Jacquinot, d'Echenoz-la-Meline ; Perrin, de Loray, et Bertin-Mourot, de la Longeville.

plus cruelle encore que les balles ou la guillotine [1]. Les cachots de Dijon et les plages de l'île de Rhé laissent aux mains des bourreaux douze autres victimes qui ont succombé aux mauvais traitements [2]. Il faut aller jusqu'au bout du monde si on veut suivre partout la trace de notre héroïsme catholique. Là, les déportés de la Guyane se montrent encore les dignes fils de Durfort ; c'est l'ange de l'Eglise de Besançon qui va recueillir leur âme sur ce rivage inhospitalier ; il sourit en passant au tombeau de Soleure, et il leur porte, au nom de leur père, qui parle jusque dans la mort, les espérances et les consolations de la foi.

Enfin, comment oublier ici ces martyrs d'Ornans, de Maîche et de Besançon, tous artisans ou laboureurs, tous hommes du peuple, tous mis à mort en haine de la religion. Je vois au milieu d'eux un vieil invalide qui, ne pouvant plus tenir l'épée, a pris la plume pour défendre son Dieu et qui montre, en donnant sa tête, le double courage de l'apôtre et du soldat [3]. D'autres avaient été les messagers de l'exil : ils escaladaient les rochers ou traversaient les rivières à la nage pour porter des secours à nos prêtres, et c'est leur charité qui les a

---

(1) Ce sont MM. Courvoisier, bénédictin ; Savourey, de Jonvelle, cordelier ; Grandjacquet, ancien jésuite ; Pelleteret, d'Arpenans, dominicain ; Tissot, de Luxeuil, aumônier de régiment ; Lenfumez, de Vesoul, et Loir, de Besançon, capucins.

(2) MM. Bourgeois, de Villeneuve ; Beauleret, vicaire à Echenoz ; Colard, d'Ornans ; Montagnon, de Dambenoît ; Daviot, bernardin ; Daviot, capucin ; Guin, lazariste ; Vieuxmaire, récollet ; Enis, prêtre, et Buchet, curé de Breurey.

(3) M. Villemin, du Bélieu.

perdus (1). Voici deux maîtres d'école de nos franches montagnes : l'un porte un nom depuis saintement fameux dans cette Eglise, et deux fois précieux à ce chapitre métropolitain (2); l'autre, son digne émule, voyant l'échafaud dressé pour lui sur la place Saint-Pierre, accourut à toutes jambes vers l'instrument de son supplice, comme pour recevoir plus tôt sa récompense (3)! Ah! oui, je dois les distinguer entre tous les autres et les signaler à l'admiration de la postérité, car ils représentent bien cette classe si modeste et si honorable de nos instituteurs de village, alors si jalouse de servir le prêtre à l'autel et, partant, si heureuse et si fière de l'accompagner au martyre. Voilà vos enfants et vos imitateurs, ô Raymond! Que ce cortége est beau! qu'il est complet! Avec quels accents d'allégresse l'avez-vous introduit dans le chœur des martyrs! Comme ils ont à leur tour reconnu et acclamé leur père! Et comme le Seigneur Jésus, le pontife des biens futurs, vous a décerné, dans la patrie éternelle, cette couronne de justice que sa bonté avait promise à votre foi!

Il convenait, pour la consolation des vertueux et des bons, qu'un rayon de la gloire décernée à cette grande

---

(1) MM. Moreau, menuisier à Baume ; Lapoire, cultivateur au Valdahon, et Baulard, postillon à Pontarlier.

(2) M. Busson, maître d'école au Bélieu.

(3) M. Morel, maître d'école à Saint-Julien. — Ces noms m'ont été fournis par M. Jules Sauzay, auteur de l'*Histoire de la persécution religieuse dans le département du Doubs*, dont les trois premiers volumes ont déjà paru. Les détails, pour la plupart inédits, de cet émouvant martyrologe, seront donnés dans les volumes suivants.

âme vînt descendre jusque sur son corps et qu'elle embellît sa patrie terrestre aussi bien que son exil. Il était temps pour l'Eglise de Besançon de s'associer à toutes ces louanges en réclamant les restes de ce confesseur et en déposant à son tour une couronne de justice sur son cercueil. Non, je ne connais pas pour l'histoire de mission plus honorable et plus belle que celle de réhabiliter l'innocence et la vertu. Il y a de l'honneur pour l'humanité à reconnaître qu'elle s'est trompée, il y a du courage à le dire, et le vrai progrès est de reculer jusqu'à ce que l'on rencontre la justice et qu'elle nous reçoive dans ses bras. Athènes a eu ce courage ; c'est pourquoi l'un de ses plus beaux titres de gloire est d'avoir révisé le jugement de Socrate, rouvert ses portes à Aristide et à Miltiade, et rappelé dans ses murs les cendres de Solon. Mais je m'adresse à une cité chrétienne, et, s'il convient de la haranguer, c'est plutôt avec les paroles de saint Chrysostôme félicitant la ville d'Antioche d'avoir recouvré le corps de saint Ignace, son évêque, près de deux siècles après le plus célèbre des martyres. Je vous dirai donc avec cette bouche d'or : « Vous avez envoyé un pontife et vous recevez aujourd'hui un confesseur. Vous l'aviez envoyé avec des larmes et des prières, et vous le recevez aujourd'hui avec des couronnes [1]. »

C'est une couronne d'évêques, la plus belle qu'une métropole puisse offrir, puisque les gloires du passé s'y mêlent dans un harmonieux tableau à celles du présent. Voici d'abord les anciens suffragants de Besançon re-

____

[1] Homil. in S. Ignat., martyr.

nouant avec nous les liens de la primitive alliance. C'est l'évêque de Lausanne qui avait reçu le dépôt de ces restes sacrés ; c'est l'évêque de Bâle qui nous le rapporte. Soyez bénis, Messeigneurs, l'un pour l'avoir si fidèlement gardé, l'autre pour vous en être dépouillé avec tant de générosité et de grandeur. J'admire dans l'évêque de Lausanne l'illustre banni de Divonne, dans l'évêque de Bâle le nouveau défenseur des droits et des libertés ecclésiastiques. Comme il leur sied bien de tenir le premier rang auprès de ce tombeau ! Comme ils étendent, par leur vie, les travaux de la foi, comme ils en combattent les nobles combats, comme ils en préparent les heureux et pacifiques triomphes ! Nous espérions voir parmi eux le témoin de leurs vertus pastorales et le représentant du saint-siége. En Suisse, où il laisse tant de regrets, en Hollande, où la renommée de son mérite l'a devancé, dans la Franche-Comté, qui lui souhaitait naguère la bienvenue, partout il fera bénir l'immortel Pie IX, qui a mis en lui une si juste confiance[1] ; et, puisque nous sommes privés de sa présence, qu'il apprenne du moins, pour la consolation de son auguste maître, qu'à l'exemple de Durfort, tout ce clergé, tout ce peuple, livrant sa tête plutôt que sa conscience, crierait tout d'une voix : au pape, vous êtes le vrai pasteur : *Est ! est !* à ses ennemis : vous ne le chasserez jamais, jamais : *Non ! non !*

Que dirai-je de la nouvelle métropole et des prélats qui la représentent dans cette cérémonie ? Les uns, à

---

[1] Mgr Bianchi, ancien chargé d'affaires du saint-siége près la république helvétique, nommé internonce à la Haye.

peine élevés sur les siéges de Verdun et de Nancy, sont déjà l'amour et l'orgueil de leurs peuples ; d'autres ont inspiré depuis longtemps aux Eglises de Saint-Dié et de Belley une affection qui ne fait que croître avec les années; tous appartiennent à l'école des Fénelon et des Durfort ; et l'Ange de l'Eglise de Strasbourg, le doyen de toute la province , dont la bonté est aussi populaire que la science, malgré tout son mérite , ne veut point de moi d'autres louanges. Ici je m'aperçois, hélas ! que toute fête a ses vides : ce n'était pas assez que le courageux évêque de Metz vînt à nous manquer , il fallait encore que Mgr l'évêque de Belley fût retenu, à la dernière heure, pour fermer les yeux à la plus vénérable et à la plus aimée des mères. Mais, pour compléter cette couronne, à côté de Mgr l'évêque de Saint-Dié, qui a laissé dans cette métropole un impérissable souvenir de noble douceur, de zèle éclairé et d'éloquence pastorale, nous nous félicitons de voir Mgr l'évêque d'Autun, dont la voix a éclaté dans cette chaire avec tant de grandeur et d'autorité, et dont la piété a donné tant de relief à ce chapitre ; et Mgr l'évêque de Langres, l'enfant de cette Eglise, nourri dans la foi de Durfort, élevé aujourd'hui sur le siége de la Luzerne, et à ce double titre, si appliqué aux travaux de la foi, si exercé à la défendre , si heureux de ses triomphes ! Enfin, à qui convient-il mieux de prendre part à cette fête qu'au vénérable évêque de Saint-Claude, devenu, par l'adoption et par le cœur, un vrai Franc-Comtois ? Pour lui, le confesseur de Soleure fut un prédécesseur et un père ; le champ qu'il cultive aujourd'hui a été arrosé presque tout entier par les sueurs fécondes de notre pontife, il a un droit tout spécial aux mérites de cet exil et aux joies de ce retour. Dans tous les combats de la foi, la bannière de Saint-Claude a été à la peine, il est juste qu'elle soit à l'honneur. Au-dessous d'Aaron et des pontifes, la tribu sacerdotale déploie ses rangs et déborde de toutes parts. Ils viennent de méditer dans les retraites du sanctuaire les devoirs de leur vocation, et le prêtre éminent [1] qui les a entretenus depuis huit jours avec tant d'intérêt, d'entraînement et d'onction évangélique, du Seigneur Jésus, du prêtre éternel, les envoie dans ce temple pour leur faire dire, en terminant, bien moins par ma faible parole que par la grande voix sortie de ce tombeau, comment l'apôtre qui a combattu le bon combat et qui a gardé la foi reçoit enfin la couronne de justice.

Les fidèles veulent la décerner aussi bien que le clergé. Quelle affluence inusitée ! Quel mouvement de toute une province ! Que d'hommages rendus à la justice de cette cause ! Que la signification en est haute et que l'expression en est consolante ! C'est par l'ordre d'un gouvernement équitable et réparateur, que l'archevêque de Besançon rentre avec tant d'éclat dans sa ville métropolitaine. Aux yeux d'un ministre, juste appréciateur des hommes et des événements, l'exil ne lui a fait perdre ni son titre légitime ni les honneurs civils et militaires dus à sa dignité. La citadelle s'éveille, le canon tonne ; les chefs de l'armée rangent leurs bataillons autour de ce pontife et viennent incliner le drapeau de la France devant la main qui, la première, s'est levée du haut de cet autel pour le bénir ; les chefs de la magistrature

(1) M. l'abbé Cortet, vicaire général de la Rochelle.

affirment par leur présence que nous rendons justice à un prélat injustement banni ; les chefs du département et de la cité, entourés de leurs conseils, expriment à la fois les sentiments chrétiens qui distinguent et qui honorent leur personne, et la pensée de l'Etat et de la commune dont ils sont les fidèles mandataires. L'Académie de Besançon s'est souvenue de son directeur et de son président, l'Université de son chancelier. On ne saurait réunir de plus dignes mains pour déposer ici la couronne de justice, ni de plus nobles cœurs pour l'acclamer.

Venez donc, ô Raymond, venez et reprenez possession de votre siége. Votre grande âme, si dévouée à l'Eglise et à la patrie, peut être satisfaite. La France, qui rompait, à votre départ le lien sacré de l'unité, l'a resserré avec une force et une discipline qu'elle n'avait jamais connues ; elle est plus que jamais la fille de l'Eglise, car le prince qui la gouverne vient de tirer l'épée pour défendre le successeur de Pie VI ; cette épée est encore debout devant le trône de saint Pierre, et, fût-elle rentrée dans le fourreau, elle saurait encore repasser les monts et les mers, comme au temps de Pépin et de Charlemagne, et arriver toujours à temps au secours de la papauté. La Franche-Comté, sans cesser d'être elle-même, est devenue la plus française de toutes nos provinces ; elle porte les clefs de la patrie avec une fidélité que les révolutions ont mise à l'épreuve et qu'elles ont trouvée inébranlable ; elle donne ses soldats au premier appel ; demain, elle se lèverait au premier cri de guerre. Mais éloignons ces belliqueuses pensées, un pasteur qui rentre au milieu de son peuple rapporte plutôt l'olivier de la paix. Rentrez, ô Raymond, jetez les yeux de toutes parts: ce diocèse, cette cité, ce palais, cette cathédrale, tout doit vous sourire. Le clergé, régénéré par vos exemples, a des héritiers et des successeurs plus nombreux que jamais; le séminaire qui les forme est demeuré fidèle à la foi et à la science que vous aviez admirées en lui; et la maison de Beaupré, cette autre fille de nos archevêques, continue à jeter dans toute la Comté les semences de la parole sainte avec cette ardeur infatigable, cette doctrine sûre, ces talents heureux dont vous avez vu les fruits. Mais, à côté des institutions anciennes, que d'œuvres nouvelles! Les peuples catholiques du comté de Montbéliard, dont le sort vous arrachait des larmes, ont aujourd'hui leur église, leur école et leur pasteur; les cloîtres où vous aimiez à prier renaissent et fleurissent dans nos cités; l'abbaye de la Grâce-Dieu est devenue une des Trappes les plus florissantes de l'univers; la galerie des portraits de nos archevêques, peinte par vos soins, remplit tout le palais de votre souvenir; la métropole a recouvré ses saintes reliques et ses riches ornements, et les comtes de Bourgogne, dont la tombe avait été brisée pendant votre exil, par le marteau révolutionnaire, ont retrouvé, dans un sanctuaire orné de marbres et de peintures, la paix due à leurs cendres. Vos yeux s'étonnent de tant de restaurations. Est-ce donc l'œuvre d'un siècle? Non, ce n'est qu'une page dans l'histoire d'un prince de l'Eglise qui vous a pris pour modèle. Il a voué, dès le commencement, une piété filiale à votre mémoire; il a continué vos traditions de zèle, de charité et de simplicité apostolique; et quand ses principales entreprises s'avancent, il vous amène pour les bénir, pour les mettre sous votre garde, et pour vous en faire une couronne dans les splendeurs mystérieuses de cette demeure sombre où vous allez reposer. Les Lecoz, les Villefrancon, les Rohan, les Dubourg, se lèvent sous leurs dalles et viennent à votre rencontre : Mgr Lecoz, qui a rouvert cette cathédrale sous l'autorité du saint-siége ; Mgr de Villefrancon, qui fut votre vicaire et qui nous a fait jouir, après vous, de vos leçons et de vos exemples ; Mgr de Rohan, cet illustre et bien-aimé cardinal qui méditait dans son grand cœur tout ce qu'un autre cardinal vient d'accomplir ; Mgr Dubourg, le dernier né de ces illustres morts qui, debout, depuis trente-cinq ans, sur le seuil de la crypte funéraire pour recevoir les nouveaux hôtes de la tombe, vous accueille avec le sourire devenu immobile de son incomparable dignité et qui, prenant votre cercueil des mains de son successeur, souhaite à ce pontife, avec de longues et heureuses années, le bonheur de jouir de tout après avoir tout achevé : la moisson après les travaux, la couronne après le combat, la justice dans le temps et dans l'éternité : *Ad multos et felices annos !* A un autre Raymond ! A un autre Père ! *Patri Raymundo !*

NOTES ET PIÈCES JUSTIFICATIVES.

I.

Déclaration faite aux officiers municipaux par Mgr Raymond de Durfort, archevêque de Besançon, en quittant son palais.

(25 avril 1792.)

Messieurs,

Pour répondre à la délibération prise, le 21 de ce mois, par MM. les officiers municipaux, et qui me fut remise hier par quatre députés chargés de me la présenter, je déclare qu'ayant été pourvu par l'autorité de l'Eglise, de l'archevêché de Besançon, je ne puis en être dépouillé que par une démission volontaire que ma conscience ne me permet pas de donner, ou par une déposition canonique qu'avec l'aide du Ciel je ne mériterai jamais. Il faut bien cependant que je cède à la force, et jeudi prochain je ne serai plus dans ce palais archiépiscopal. Je prie Dieu qu'il répande sa bénédiction sur un diocèse qui sera toujours cher à mon cœur, et dont je ne cesserai d'être le premier pasteur qu'au moment où je cesserai de vivre.

Je suis avec respect, Messieurs, votre très humble et très obéissant serviteur.

R., *arch. de Besançon.*

II.

Notes historiques sur les derniers jours et sur la mort de Mgr de Durfort.

Précédé en Suisse par la renommée de ses bienfaits et de ses vertus, Mgr de Durfort fut accueilli avec la plus haute distinction par le gouvernement, le clergé et la population de Soleure, et l'évêque de Lausanne s'empressa de venir consoler l'exil de son vénérable métropolitain.

Le protocole du chapitre collégial de la ville de Soleure (l'église n'étant pas encore érigée en cathédrale) contient au sujet de l'arrivée de Mgr l'archevêque, qu'il fixe au 2 juin 1791, les notes suivantes (tom. XIX, fol 10):

« Lorsque M. le secrétaire du chapitre eut exposé que Mgr le prince archevêque de Besançon, Raymond de Durfort-Léobard, avait été contraint de quitter son archevêché dans ces tristes temps, qu'il s'était réfugié au Blumenstein, maison de campagne près la ville, et que pour cela Mgr l'évêque de Fribourg (en Suisse) (1) se rendrait à Soleure le lundi suivant pour avoir avec Sa Grandeur une entrevue, il fit la demande si le chapitre ne trouvait pas convenable de faire quelques honneurs aux deux évêques. Il fut jugé à propos que M. le chanoine Glutz, *custos*, M. le chanoine secrétaire et M. le chanoine Gerber, iraient au Blumenstein pour souhaiter la bienvenue à Mgr le prince évêque, et que la même chose serait faite à l'arrivée de notre évêque (de Fribourg); aussi NN. SS. les deux évêques, et en même temps MM. les chefs de l'Etat seraient invités pour le mardi suivant à un banquet que M. le secrétaire arrangerait splendidement. En outre, Sa Grandeur Mgr l'archevêque devrait être prié de présider la procession de la Fête-Dieu.

(1) Mgr Bernard-Emmanuel de Lenzburg, né en 1723, évêque de Lausanne et de Genève depuis 1782, mort en 1795.

» En 1791, le 7 juin, NN. SS. les deux évêques, et avec eux MM. les chefs de l'Etat, furent reçus le mieux possible dans l'appartement du chapitre, par MM. les capitulaires, et après le banquet, Sa Grandeur l'archevêque invita obligeamment tous les capitulaires à un dîner, le jour suivant. »

On dit que l'hiver suivant fut dur et rigoureux. Le château de Blumenstein n'ayant pas été construit pour un séjour d'hiver, ne fournissait guère le confort nécessaire à un vieillard qui commençait un nouveau genre de vie. En voyant le salon qui lui servait comme unique chambre de demeure, dans laquelle il n'y a pas de poêle, mais seulement une cheminée, on est étonné d'apprendre que Mgr de Durfort y passa tout l'hiver, étant ordinairement assis en face de la cheminée et ayant des couvertures sur les épaules et au dos.

A ces incommodités, qui ne pouvaient pas manquer d'exercer une influence fatale sur la santé de Sa Grandeur, s'ajoutaient les chagrins inséparables de l'éloignement, et surtout la douleur de voir la France et son diocèse en proie à un déluge de maux, de sorte que Monseigneur sentit bientôt sa vigueur s'ébranler et ses forces l'abandonner. Cependant il ne se reposa pas pour cela ; sa patrie lui avait refusé de prêcher la parole de Dieu, il se mit à la prêcher au peuple soleurois, en échange de son hospitalité. C'était surtout au couvent des religieuses de la Visitation que Mgr de Durfort rendait bien souvent l'honneur de ses visites. Il leur faisait le plaisir et leur procurait le bonheur d'entendre les paroles éloquentes que sa piété et son zèle lui inspiraient, paroles d'autant plus efficaces qu'elles émanaient des lèvres d'un confesseur de la foi. La tradition a conservé à Soleure le souvenir de ses discours édifiants, et le couvent de la Visitation garde encore les sentiments d'une vive reconnaissance et d'une profonde vénération envers le saint archevêque.

Le dernier acte de sa vie fut un sermon très beau et très touchant sur les douceurs de la mort du juste. L'impression que ce discours éloquent produisit sur tout l'auditoire fut si profonde que longtemps après il était encore présent à toutes les mémoires, avec toutes ses circonstances et ses détails.

En peignant ce grand et sublime tableau, Mgr de Durfort n'avait fait que tracer à l'avance le spectacle qu'il allait, peu de temps après, donner aux anges et aux hommes. En effet, arrêté bientôt par les progrès de l'hydropisie qui le décomposait et en proie à de cruelles douleurs, il ne lui fut plus possible que de prier et de souffrir. Sa patience admirable devint une dernière et éloquente prédication, et ses prières suprêmes furent pour son diocèse et pour la France. Les tristesses de l'exil, les angoisses que lui causaient les désastres de son diocèse, la douleur de se voir séparé de son troupeau, plus encore que la maladie, mirent fin à son existence terrestre. Après avoir offert sa vie pour la conservation de la foi catholique en France et dans son diocèse, il rendit son âme à Dieu le 19 mars 1792, et expira entre les bras de son fidèle compagnon, M. de Chaffoy, à l'âge de soixante-sept ans. Son corps resta en dépôt dans le caveau de l'église du collége des jésuites.

Mgr de Durfort a laissé dans la ville de Soleure une grande réputation de vertu et de sainteté, et ce n'est pas sans regret que la population, le vénérable chapitre de la cathédrale et Sa Grandeur Mgr Eugène Lachat, évêque actuel de Bâle, résidant à Soleure, voient s'éloigner les précieuses reliques de ce confesseur de la foi. Toutefois il leur reste le cœur du saint et illustre archevêque. Ce cœur a été confié à la garde des religieuses de la Visitation; il repose au pied du maître-autel de l'église du couvent.

III.

Les obsèques et l'enterrement de Mgr de Durfort, d'après le protocole du chapitre de Saint-Urs.

Le 19 mars 1792 — *præsentibus omnibus* — monsieur le prévôt annonça au chapitre que MM. Claude-François-Marie

Petitbenoît de Chaffoy, vicaire général, et Jean-Antoine Bullet de Bougnon, chanoine de l'église de Besançon (1), avaient signifié que Mgr l'archevêque Raymond de Durfort-Léobard, archevêque de Besançon, *S. R. imperii princeps*, *abbas Charitatis et Exaquii* (de Lessaye), était décédé religieusement aujourd'hui à cinq heures du matin, et en conséquence désiraient savoir comment le vénérable chapitre pensait procéder pour ce qui regarde les funérailles et les autres cérémonies. Il a été décidé que le chanoine secrétaire dépêcherait un courrier à Fribourg (2) pour faire savoir à monseigneur l'évêque ce décès affligeant, et pour le prier respectueusement d'assister jeudi prochain aux funérailles. Outre cela, toutes les mesures possibles devaient être prises afin que les obsèques fussent exécutées le plus magnifiquement ; aussi il a été décidé que tous les capitulaires devraient comparaître mercredi prochain chez monsieur le prévôt, à deux heures et demie, vêtus de leurs robes longues, les chapelains de leurs manteaux, pour donner *capitulariter* l'eau bénite.

Procès-verbal, fol. 16 *du protocole du chapitre, jeudi, le* 22 *mars* 1792, concernant les funérailles et l'enterrement de feu Mgr Raymond de Durfort-Léobard, archevêque de Besançon, prince du saint empire, abbé de la Charité et de Lessaye, décédé pieusement le 19 mars 1792, à cinq heures du matin, dans la maison de campagne dite Blumenstein (Laurentin), appartenant à famille de Mollondin.

Comme messieurs les capitulaires de l'église métropolitaine de Besançon avaient prié instamment Nos Seigneurs les autorités de l'Etat que les obsèques et l'enterrement de Sa Révérence Raymond de Durfort-Léobard, jadis arche-

---

(1) M. Bullet de Bougnon était chanoine de la collégiale de Sainte-Madeleine et curé de la paroisse.

(2) Le canton de Soleure ressortissait alors de l'évêché de Lausanne, dont le titulaire réside à Fribourg depuis la réforme ; il appartient aujourd'hui à l'évêché de Bâle. Le titulaire de ce siége réside à Soleure, et la collégiale de Saint-Urs a été érigée en cathédrale.

vêque de Besançon, fussent arrangés *de manière que, l'ordre rétabli* (en France), *le corps pourrait être transporté à Besançon*, a plu à Nos Seigneurs les autorités de consentir à cette demande. Ainsi, pour prévenir toutes les difficultés, ils ont ordonné qu'un procès - verbal serait dressé dans toutes les règles, en présence de quelques députés honoraires de l'Etat et du vénérable chapitre. Pour cela, ont été nommés par un décret de conseil, le 21 de ce mois : MM. les députés honoraires Urs-Jean-Josse-Nicolas-Louis Glutz de Blotzheim, bourguemaître, membre du conseil secret ; Victor-Léonce-Géréon Byss, membre du petit conseil ; avec eux, François-Louis-Pierre-Joseph Gugger, lieutenant-officier de justice, et Jean-Georges Kully, greffier de la ville, l'un et l'autre membres du grand conseil. De la part du chapitre royal : MM. les chanoines Romuald Wurz, secrétaire, et François-Joseph-Xavier Gugger, prédicateur du chapitre.

Ensuite de cette charge importante, lesdits députés honoraires, à l'exception de M. le conseiller Byss, qui présenta, à cause d'une indisposition, M. François-Jacques Gugger, membre du petit conseil, se rendirent, le jeudi 22 mars 1792, vers les sept heures du matin, au Blumenstein, maison de campagne de la famille de Mollondin, où ils trouvèrent exposé sur un lit de parade, dans le salon en bas vers la terrasse, Monseigneur Sa Grandeur le Révérendissime archevêque de Durfort-Léobard et le reconnurent comme le vrai corps mort dudit archevêque.

Ensuite le convoi funèbre commença, précédé de tous les écoliers de la ville, du gymnase et du lycée ; après eux suivaient les révérends pères capucins et cordeliers, le clergé séculier, les chapelains de l'église collégiale, avec le curé de la ville et les deux députés du chapitre, tous ces écoliers et ecclésiastiques mentionnés portant des cierges allumés ; puis, quelques bourgeois de la communauté des hôteliers portaient sur les épaules le corps sur un lit de parade ; quatre jeunes garçons précédant portaient, sur des coussins de soie bleue, le pallium, le chapeau vert archiépiscopal, la couronne et l'épée de l'empire. A leurs côtés marchaient les domestiques du défunt, avec des flambeaux ardents; après le corps, marchait le clergé français demeurant ici, tenant des cierges allumés; ensuite venaient les autres personnes françaises de qualité, et enfin messieurs les honorables députés de notre Etat.

De cette manière, la pompe funèbre passait auprès du monastère dit *Nominis Jesu*, les prairies des remparts jusqu'au Hermesbühl, où étaient assemblés le vénérable chapitre et messieurs les membres du grand et du petit conseil, avec la louable bourgeoisie en fraises, en manteaux et épées. Là se joignirent au convoi funèbre, immédiatement devant la bière, messieurs du grand et du petit conseil avec la bourgeoisie, après le clergé et les personnes de qualité française; des ecclésiastiques séculiers remplacèrent les bourgeois qui avaient porté le corps de l'illustre archevêque.

Selon cette disposition et au son de toutes les cloches de la ville, le convoi funèbre se dirigea vers la porte de Bienne dite Gurzelnthor, où la troupe, rangée des deux côtés, faisait la parade, et les tambours battaient aux champs. De là le convoi descendait par la rue Gurzelngasse et le grand marché, où pareillement les gens de la grande garde rendaient les honneurs, et arriva par la Grande-Rue à l'église collégiale (de Saint-Urs), dans laquelle le corps fut mis au milieu du chœur, et messieurs les députés de notre illustre Etat occupèrent leurs siéges.

Puis M. Béat Güntner, prédicateur de notre église collégiale et professeur du collége Soleurois, fit, dans un sermon funèbre, l'éloge de feu Sa Grandeur glorieusement défunt; alors on célébra l'office des morts solennel, pendant lequel le clergé et les personnes de qualité françaises, ensuite les membres du grand et du petit conseils, et enfin toute la bourgeoisie, allèrent à l'offrande.

Après l'office, le corps fut accompagné de la même manière à l'église dite de MM. les Professeurs, soit du Collége des RR. PP. Jésuites, où il devait être déposé. Là, l'enterrement eut lieu lorsque tout le monde sans exception fut éloigné et l'église étant fermée. Premièrement le corps embaumé, revêtu des ornements archiépiscopaux et la mitre en tête, fut déposé dans un cercueil en plomb et bien fermé par un couvercle de la même matière, et en présence de MM. les honorables députés de l'illustre Etat et du vénérable chapitre, aussi des trois MM. les chanoines de la cathédrale archiépiscopale de Besançon, M. Claude-François-Marie Petitbenoît de Chaffoy, vicaire général de ladite église cathédrale, M. Jean-Antoine Bullet de Bougnon et M. Antoine-Esprit Bouchet. Ensuite ce cercueil de plomb fut mis dans un autre, de bois de chêne, dont le couvercle de chêne fut muni de barres de fer et de vis. Après cela, MM. les députés mentionnés munirent les jointures des deux côtés, supérieure et inférieure, des armes de l'illustre Etat et du vénérable chapitre, et le corps fut descendu dans le caveau de MM. les professeurs du collége, où, vis-à-vis des tombeaux de MM. lesdits professeurs, une place en briques était préparée, dans laquelle le cercueil fut déposé et l'ouverture murée. Ce fut la fin de l'acte.

La voûte resta ouverte ; sur le cercueil de bois on voit l'inscription suivante, encore bien conservée sur une plaque de plomb :

CORPUS

ILLUSTRISSIMI AC REVERENDISSIMI

DD. RAYMUNDI

DE DURFORT-LÉOBARD,

ARCHIEPISCOPI BISUNTINI,

SACRI ROMANI IMPERII

PRINCIPIS.

OBIIT SOLODORI

19 MARTII

1792,

AA. 67.

R. I. P.

IV.

Extrait des annales du couvent de la Visitation.

Le cœur de Mgr de Durfort, archevêque de Besançon, nous fut confié par MM. ses grands-vicaires pendant la révolution, pour être déposé dans notre église, disant qu'il était juste qu'il fût placé chez les filles de saint François de Sales, dont il avait si bien imité la douceur et le zèle. Il fut mis dans notre sanctuaire, vis-à-vis de notre grille et au pied du maître-autel, place qui lui convenait d'autant mieux que, pendant sa vie, toutes ses affections se portaient vers le sacrement d'amour.

Ce digne prélat daignait nous visiter souvent pendant son séjour à Soleure, et ses visites étaient toujours accompagnées de quelques bienfaits. Il se trouva une fois parmi nous avec Mgr de Lenzburg, évêque de Lausanne, dont nous dépendions encore, et Mgr de Bonald, évêque d'Agen. Notre digne prélat nous ordonna d'inscrire cet événement dans le livre du couvent comme une chose remarquable pour notre maison, qui n'avait jamais vu et ne verrait vraisemblablement plus trois évêques réunis, notre monastère n'étant pas dans une ville qui nous attire de semblables honneurs.

L'année 1792, le 24 mars, ensuite des permissions accordées par messire François-Joseph de Glutz, prévôt du royal chapitre de Saint-Urs, vicaire général du diocèse de Lausanne, ont été inhumés dans le sanctuaire de notre église, le cœur et les entrailles de l'illustrissime et revérendissime seigneur Mgr Raymond de Durfort-Léobard, archevêque de Besançon, prince du saint empire, abbé commendataire de l'abbaye de la Charité, diocèse de Besançon, lequel est décédé au Laurentin, paroisse de Saint-Nicolas de Soleure, le 19 du présent mois de mars 1792. La cérémonie de l'inhumation a été faite par messire Claude-François-Marie Petit-benoît de Chaffoy, chanoine de l'illustre chapitre métropolitain de Besançon et vicaire général dudit diocèse, de messire Joseph-Antoine de Bougnon, et de messire Antoine Bouchet, l'un et l'autre chanoines de l'illustre chapitre métropolitain de Besançon, de M. Nicolas Klein, curé de la Visitation de Soleure, de M. Joseph Gerber, curé de Saint-Nicolas, et plusieurs autres de messieurs les curés qui ont signé dans le livre des extraits mortuaires de la maison (1).

La cérémonie se fit vers les neuf heures du matin. La communauté se rendit devant la grille du chœur, dont le rideau était tiré ; chacune portait un cierge blanc allumé pour attendre le convoi. M. de Chaffoy, en arrivant, s'approcha de la communauté et prononça le discours suivant d'une manière touchante :

« Nous venons, Mesdames, déposer dans le sein et l'asile de la piété, de la religion et de la perfection chrétienne, le cœur de Mgr Raymond de Durfort, archevêque de Besançon ; ce cœur qui fut lui-même le sanctuaire de toutes les vertus évangéliques. Parmi des vierges reposera un cœur qui ne connut que les délices de l'Agneau sans tache ; au milieu du renoncement évangélique, sera placé un cœur qui posséda sans se permettre de jouir, et qui ne reçut que pour répandre ; dans un lieu consacré à la retraite, à l'éloignement du monde, où l'on ne connaît ni les pompes ni les jouissances, sera le cœur d'un grand de la terre qui n'eut de sentiments que pour le ciel, d'un prince de l'Eglise par le choix de Dieu, cénobite par le sien propre, se produisant au monde par devoir et par zèle, recherchant la solitude par principe et par vertu, qui, dans les fonctions

_____

(1) Les noms des prêtres français inscrits sont : Petitbenoît de Chaffoy, chanoine et vicaire général de Besançon ; Bullet de Bougnon, chanoine ; Barret, official, prévôt et curé de Darney ; Bouchet, chanoine de Besançon ; Gagneur, prêtre et vicaire de Poligny, diocèse de Besançon ; Hamart, chanoine de l'église de Darney ; Jean-Antoine Progin, vicaire de Liesle ; Michel, curé de ....., diocèse de Besançon ; Thevenot, vicaire de Darney ; de Bresson, prêtre, prieur.

publiques d'une grande place, ne s'écarta jamais de cette maxime qui lui était familière, il me semble encore entendre sa voix la prononcer : « Aimez à n'être point connu et à n'être compté pour rien. » Au pied de l'autel de Jésus-Christ, sera le cœur qui était lui-même un autel sur lequel il sacrifiait perpétuellement sa propre volonté et où, seul, sans autre témoin que Dieu, il lui offrait en holocauste les peines, les tribulations par lesquelles il lui plaisait de purifier son serviteur. Si, depuis qu'arraché à tous les objets qui lui étaient chers, ce cœur fut encore accessible à quelque consolation, il vous l'a dû, Mesdames : avec vous il croyait se retrouver au milieu de ces pieuses vierges, de ces chastes épouses de Jésus-Christ confiées à sa sollicitude pastorale, qui mérita toujours d'être l'objet de sa prédilection, dont aujourd'hui l'héroïque et inébranlable fidélité fait l'édification des bons, l'étonnement des méchants et l'admiration de tous. Ainsi, auprès de vous quelques douces idées venaient distraire son âme affligée, et tempérer l'amertume et la tristesse de son exil; vous lui représentiez pendant sa vie cette portion chérie de son troupeau. Soyez encore, après sa mort, ses représentantes par les prières, les devoirs de piété que vous acquitterez en son nom sur sa tombe, reste précieux que nous venons vous confier. Vous possédiez son cœur pendant qu'il vivait, la mort ne vous l'a point ravi; elle ne rompt point des nœuds de charité. Ses cendres vous rappelleront son souvenir. La tendre affection qu'il portait aux vertueuses filles du saint évêque de Genève, et à vous en particulier, Mesdames, sont un titre pour lui à la protection de votre saint fondateur; en invoquant saint François de Sales, vous penserez au respectable prélat qui nous en retraçait les vertus. Vos prières hâteront le moment où Dieu daignera les couronner, et parmi ses protecteurs dans le ciel, après saint François de Sales, vous compterez le bienheureux Raymond de Durfort. »

La supérieure répondit en peu de mots au nom de toute la

communauté, qui se retira dans le bas du chœur pour entendre la messe des morts, qui fut chantée, et le reste de la cérémonie. La dalle du tombeau qui renferme ce noble cœur contient l'inscription suivante :

PATRI SUO RAYMUNDO, PRO FIDE EXULI, EXULES PRESBYT. BISUNT.

MŒSTI POSUERE. MDCCXCII.

BONUM CERTAMEN CERTAVI , FIDEM SERVAVI.

V.

Lettre de Monseigneur le suffragant de Besançon au vénérable chapitre de Saint-Urs à Soleure.

Messieurs, nous avons appris avec une extrême sensibilité les marques de vénération et de respect que vous vous êtes empressés de donner à la mémoire de feu Mgr Raymond de Durfort, notre archevêque. En faisant servir votre ministère et à l'appareil et à la solennité de ces obsèques, vous avez secondé les vœux de votre auguste sénat et rendu un hommage authentique à la foi que professait cet illustre pontife, et que nous nous glorifions de professer avec lui. Les fastes de l'Eglise de Besançon conserveront précieusement le souvenir du clergé de Soleure, dans lequel vous tenez, Messieurs, un rang distingué ; ils rappelleront à nos neveux que ce respectable clergé honora Mgr de Durfort comme un confesseur de la vraie foi et son métropolitain persécuté dans sa personne. Il communiqua avec tous les prêtres et les fidèles de son diocèse qui ne s'étaient pas séparés de lui. Oui, Messieurs, votre conduite dans cette triste circonstance atteste hautement que nous sommes en communion avec vous, et que par conséquent nous appartenons à l'Eglise catholique. L'Eglise constitutionnelle qui s'élève sur nos ruines mérite le reproche que saint Augustin faisait aux donatistes. Cette Eglise ne s'étend pas au delà des bornes de la France, comme celle de Donat ne passait pas les limites de l'Afrique. Comme celle-ci elle n'est donc pas l'Eglise catholique, parce que l'Eglise catholique est là où se trouve la communion avec les autres Eglises. Vous n'ignorez pas, Messieurs, que le chapitre métropolitain de Besançon, dont j'ai l'honneur d'être le chef, ne peut pas s'assembler. Cette impossibilité le prive de la satisfaction de vous témoigner en corps sa juste et respectueuse reconnaissance ; mais ce sentiment est gravé dans le cœur de tous les membres qui le composent, dans celui de tous les prêtres et fidèles catholiques de ce diocèse et dans le mien.

J'ai l'honneur d'être avec respect, Messieurs, votre très humble et très obéissant serviteur,

† C.-J., *év. de Rhosy,*

suffragant de Besançon et doyen du chapitre.

VI.

Réponse du chapitre de la collégiale de Saint-Urs, du 21 mai 1792.

Monseigneur, les marques de respect et de vénération que nous nous sommes empressés de donner à la mémoire de feu Mgr Raymond de Durfort, archevêque de Besançon, n'étaient qu'une faible expression des sentiments dont nous fûmes pénétrés dès les premiers instants de son arrivée à Soleure. Son zèle vraiment apostolique pour la plus sainte des religions, son courage et sa résignation, sa sollicitude paternelle pour tous ses diocésains, furent des sujets continuels de notre admiration.

On ne parle plus de ce pieux prélat qu'avec attendrissement, on ne s'entretient de ses rares qualités que touché aux larmes. Aussi sommes-nous convaincus, Monseigneur, et nous ne cesserons de le répéter, que l'Eglise de Dieu, méconnue aujourd'hui et outragée, trouva dans sa personne une nouvelle preuve de la sainteté de sa doctrine. Les vertus

de ce digne métropolitain assurent encore à l'Eglise ce genre
particulier de gloire, à qui les efforts réunis des ennemis les
plus puissants et les plus implacables ne peuvent que rendre
plus de lustre et d'énergie.

Recevez, Monseigneur, avec bonté, les compliments de
condoléance que nous avons l'honneur de vous présenter,
ainsi qu'à tous les membres du chapitre métropolitain de
Besançon. Daignez les assurer que nous partageons, avec la
plus profonde sensibilité, tous leurs regrets, et qu'il n'y aura
jamais rien de plus consolant pour nous que d'être en communion avec un clergé si respectable, qui, environné de
menaces et de séductions, donne, en imitation de son vrai
pasteur, un si grand exemple de fidélité et de persévérance.

Nous sommes, avec un profond respect, de Votre Grandeur, les très humbles et très obéissants serviteurs.

Le prévôt et les chanoines du chapitre de Soleure.

VII.

Les obsèques de Mgr de Durfort à Besançon, le 13 mai 1868.

Mgr Mathieu, cardinal archevêque de Besançon, ayant résolu de ramener dans sa métropole les restes de Mgr de Durfort, s'adressa au gouvernement français et au gouvernement suisse pour obtenir les autorisations nécessaires. MM.
les magistrats de Soleure se rendirent avec empressement à
ses pieux désirs, et notre Ministère des cultes, après avoir
pris les ordres de l'empereur et sur sa signature, accéda à la
demande de la manière la plus formelle et la plus gracieuse.
Non-seulement le gouvernement français autorisa le prélat
à inhumer son illustre prédécesseur dans les caveaux de
Saint-Jean, mais il reconnut que Mgr de Durfort était mort
archevêque de Besançon, dans l'exercice de ses fonctions et
sur le territoire de sa métropole, et qu'il avait droit à tous

les honneurs que l'on rend à la dignité archiépiscopale. Des mesures furent concertées, en conséquence, entre S. Exc. M. le ministre da la guerre et S. Exc. M. le ministre de la justice et des cultes. La cérémonie de la translation fut fixée au mercredi 13 mai, à l'issue de la retraite ecclésiastique prêchée par M. l'abbé Cortet, vicaire général de la Rochelle.

M. l'abbé Perrin, vicaire général du diocèse de Besançon, et M. l'abbé Ruckstuhl, chanoine de la métropole, secrétaire général de l'archevêché, s'étaient rendus à Soleure dès la semaine précédente pour recevoir la dépouille mortelle de Mgr de Durfort. Ce corps vénérable reposait depuis le 22 mars 1792 dans la chapelle du collége. Le cercueil, ouvert en présence de Mgr l'évêque de Bâle, des magistrats de la cité et des délégués de Besançon, a montré le saint prélat encore revêtu de ses habits épiscopaux, ayant la mitre en tête, la croix sur la poitrine, l'anneau à la main et les sandales aux pieds. Après les vérifications d'usage, des vêpres solennelles ont été chantées dans l'église qui conservait ce précieux dépôt, et le cercueil de Mgr de Durfort a été exposé à la vénération publique. Le chapitre de la cathédrale, les prêtres, les fidèles, sont allés jusqu'au soir prier devant ce cercueil. C'était la dernière visite et comme les adieux de la ville de Soleure, gardienne fidèle de ces cendres bénies. Le lundi 11 mai, le corps a été transporté à la cathédrale et une messe solennelle a été célébrée pontificalement, au milieu du concours de toute la ville, par Mgr Eugène Lachat, évêque de Bâle, entouré des dignitaires de son église et du chapitre de Saint-Urs. Après la messe, M. l'abbé Perrin, vicaire général de Besançon, s'adressant du haut du jubé à Mgr l'évêque de Bâle, au chapitre et aux magistrats de la cité, exprima, au nom et par l'ordre de S. Em. Mgr le cardinal archevêque, les motifs de cette translation, la reconnaissance de notre Eglise pour le clergé et le peuple de Soleure, et les remerciements particuliers de MM. les délégués de Besançon pour l'accueil si respectueux et si sympathique fait à leur personne et les facilités données à leur mission. M. le chanoine Fiala traduisit aussitôt ce discours en langue allemande. Il convient d'ajouter ici que Mgr Mathieu, suivant l'exemple de Mgr de Durfort, qui avait donné de riches ornements à la collégiale de Soleure, voulut laisser aussi à cette antique et illustre église des marques de sa munificence. MM. les délégués de Besançon avaient donc été chargés de remettre au chapitre une chapelle en vermeil, dont le travail n'est pas moins précieux que la matière ; le prévôt de la cathédrale la reçut de leurs mains et leur en témoigna toute sa satisfaction. Les sentiments qui animaient la république de Soleure à l'arrivée du confesseur de Besançon sont encore les mêmes à son départ. Depuis soixante-seize ans qu'il veille sur cette tombe, le noble et généreux Etat s'était accoutumé à regarder Mgr de Durfort comme une de ses plus chères reliques. En se faisant un devoir de rendre un père aux enfants qui le réclamaient, il s'est fait un nouvel honneur et un nouveau titre de reconnaissance aux yeux du diocèse de Besançon, par l'expression touchante et unanime des regrets qui ont accompagné le pontife, et de la pieuse tristesse avec laquelle tout le clergé et le peuple l'a vu s'éloigner de ces murs hospitaliers.

Mgr l'évêque de Bâle, chargé de ce sacré dépôt, a voulu le remettre de ses propres mains à Mgr le cardinal archevêque de Besançon. Il partit de Soleure accompagné de M. le chanoine Girardin, protonotaire apostolique, doyen du chapitre, et de MM. les délégués de notre église métropolitaine. Le convoi arriva dans notre ville le 11 mai, à dix heures et demie du soir, et le corps de Mgr de Durfort fut aussitôt conduit dans l'église paroissiale de Saint-Martin, aux Chaprais, banlieue de Besançon, où il demeura en chapelle ardente toute la journée du lendemain. Ce fut pour les fidèles l'objet d'un pieux pèlerinage, et l'empressement de la population commença à se manifester autour du saint confesseur de la foi.

Le 13 mai, Mgr le cardinal archevêque, assisté du clergé de la métropole, alla, dès six heures du matin, faire dans l'église de Saint-Martin la levée du corps et l'amena processionnellement à la porte de Battant. Le cortége, formé en haut de la ville, parcourut à pas lents la rue Battant, le pont et toute la Grande-Rue, au bruit du canon de la citadelle, au son des cloches de toutes les paroisses de la ville et au milieu de la musique militaire, qui alternait avec le chant des psaumes. La haie était formée, sur tout le parcours de la procession, par un bataillon d'infanterie, une compagnie de pompiers et deux batteries d'artillerie. La procession était ouverte par la croix métropolitaine, suivie de la maîtrise. Puis venaient deux dominicains du couvent de Dijon et les RR. PP. capucins du couvent de Besançon. Le clergé séculier, en habit de chœur, se composait de plus de sept cents personnes, nombre de prêtres du diocèse de Saint-Claude étant venus spontanément se joindre à leurs confrères de Besançon pour rendre ce dernier et touchant hommage à Mgr de Durfort. MM. les curés de la ville, précédés de la croix de leur paroisse, MM. les missionnaires d'Ecole-Beaupré, MM. les directeurs du séminaire de Besançon et le chapitre métropolitain, terminaient le cortége sacerdotal. On voyait ensuite NN. SS. les évêques en chape violette et en mitre blanche, accompagnés de leurs vicaires généraux: c'étaient, selon la date de leur sacre, NN. SS. de Marguerye, évêque d'Autun; Ræss, évêque de Strasbourg; Marilley, évêque de Lausanne; Caverot, évêque de Saint-Dié; Guerrin, évêque de Langres; Nogret, évêque de Saint-Claude; Lachat, évêque de Bâle; Hacquard, évêque de Verdun, et Foulon, évêque de Nancy. D. Benoît Michel, abbé de la Grâce-Dieu, n'ayant pu se rendre à la cérémonie, avait envoyé les insignes de sa dignité pour y représenter son monastère. Mgr le cardinal archevêque de Besançon, accompagné de ses archidiacres et suivi de ses chapelains, la mitre en tête, fermait cette marche imposante et menait son illustre prédécesseur au milieu du triomphe que sa piété filiale lui avait préparé.

Le char funèbre qui portait le corps de Mgr de Durfort, ressemblait en effet à un char de triomphe. Traîné par quatre chevaux caparaçonnés de violet et de noir, que des valets de pied tenaient à la main, il était surmonté de panaches blancs et d'un riche dais à crépines d'or. On avait couvert le cercueil d'un drap violet, rehaussé par les armes du prélat, et orné d'une croix amarante. L'épée de l'empire était portée en avant du char. Autour apparaissaient les autres insignes, la croix archiépiscopale, la crosse, la mitre, le bougeoir, tous couverts d'un crêpe. Mgr de Durfort rentra ainsi dans sa ville métropolitaine au milieu du plus magnifique appareil. La province tout entière avait voulu, ce semble, jouir de ce spectacle. Besançon était rempli, dès la veille, d'une foule immense, qui, mêlée aux habitants de la cité, se pressait partout où l'on pouvait apercevoir et suivre le cortége. Les rues, les places publiques, les fenêtres de toutes les maisons et de tous les étages, étaient garnis de spectateurs, dont l'attitude, recueillie bien plus que curieuse, a singulièrement frappé tous les regards et ému tous les cœurs. Chacun sentait que Besançon remplissait un grand devoir, parce qu'il réparait un grande injustice.

Les autorités civiles, militaires et judiciaires, réunies à l'hôtel de ville, entrèrent dans le cortége sur la place Saint-Pierre, et prirent place à la suite du char. A leur tête, marchaient M. le général Douai, commandant la 7e division militaire, revêtu du grand cordon de Pie IX, M. d'Arnoux, préfet du Doubs, M. Proudhon, maire de Besançon, M. le général de Cheffontaine, commandant le département, et M. le général Malherbe, commandant l'artillerie. Venaient ensuite la Cour impériale, en robes rouges, représentée par une députation composée de M. Alviset, président de chambre, de trois conseillers et d'un membre du parquet; le tribunal de première instance, le tribunal de commerce, le corps des officiers de la garnison, le conseil de préfecture, le conseil municipal, l'université en grand costume, et l'académie des sciences, belles-lettres et arts de Besançon, conduite par M. le conseiller Jeannez, son président annuel, et M. Pérennès, son secrétaire perpétuel. Citons encore M. l'intendant militaire, M. Boysson d'Ecole , trésorier payeur général, les directeurs ou les représentants de l'administration des forêts, des contributions directes et indirectes, des postes, des télégraphes et de tous les services municipaux. M. le procureur général Blanc, M. Poignand , premier avocat général, et plusieurs autres magistrats, étaient en habit de ville. La gendarmerie à cheval était à la tête et à la fin de la procession, et six pièces de canon , sans caissons , en terminaient la marche.

Le cortége, ainsi composé, entra à la métropole à huit heures et demie. Toute la basilique était tendue de draperies noires; mais le catafalque, dressé dans le chœur, couvert de candélabres, entouré de lustres et d'urnes funéraires d'où s'échappaient de grandes flammes, jetait le plus vif éclat. Nosseigneurs les évêques et les principales autorités prirent place autour de l'autel, le corps des officiers à gauche en haut de la grande nef ; la cour, les tribunaux, l'université, l'académie et les autres fonctionnaires, à droite. Le clergé en surplis occupait le bas de la grande nef, la petite nef de gauche et toutes les chapelles. La nef de droite, les tribunes, la chapelle du Saint-Suaire, les sacristies, tous les passages qui conduisent à la métropole, étaient remplis par les fidèles, et cette foule attentive, respectueuse et sympathique, dépassait, dit-on, 5,000 personnes.

La messe, célébrée pontificalement par Mgr le cardinal archevêque, entouré de son chapitre, a été chantée en musique, et l'oraison funèbre du prélat a été prononcée après l'évangile.

La messe achevée, les cinq absoutes d'usage ont été faites par Mgr l'évêque d'Autun, Mgr l'évêque de Lausanne, Mgr l'évêque de Bâle, Mgr l'évêque de Saint-Dié et enfin par S. Em. Mgr le cardinal archevêque. Le canon de la citadelle et toutes les cloches de la ville ont accompagné les prières de l'absoute.

Le lendemain, après l'office de vêpres, le corps de Mgr de Durfort a été porté dans la crypte qui s'étend sous le sanctuaire et qui est destinée à la sépulture de Nosseigneurs les archevêques de Besançon. Là reposent NN. SS. Lecoz † 1815, de Villefrancon † 1828, de Rohan † 1833, Dubourg † 1833. M. de Pressigny † 1823 a été enterré à Paris dans l'église de Saint-Roch.

Mgr le cardinal archevêque de Besançon a offert le soir un dîner aux évêques et aux principales autorités de la ville. Après le chant des couplets qui avaient été composés pour la circonstance, Son Eminence a prié Mgr l'évêque de Lausanne et Mgr l'évêque de Bâle d'accepter chacun un anneau, en souvenir de l'ancienne alliance de leur siége avec notre Eglise métropolitaine, et des bons offices que ces deux Eglises lui avaient rendus, celle de Lausanne pour avoir accueilli Mgr de Durfort en 1792, avec tant d'honneurs, et celle de Bâle pour nous avoir rendu, en 1868, le corps de ce grand prélat avec tant de générosité.

Mgr l'évêque de Lausanne a répondu, avec beaucoup d'à-propos et de distinction, que les prêtres franc-comtois avaient payé, comme il convenait, l'hospitalité qu'ils avaient reçue en Suisse pendant la Révolution, en faisant apprécier, par leur conduite, la foi dont ils étaient les confesseurs. Il a bien voulu rappeler aussi que, dans les jours de son exil, le diocèse de Besançon lui avait témoigné de grandes sympathies et que Mgr l'archevêque lui avait offert un asile dans son séminaire; il a terminé par les vœux les plus touchants pour l'Eglise de Besançon, en souhaitant à Mgr le cardinal archevêque, gloire, santé et bonheur.

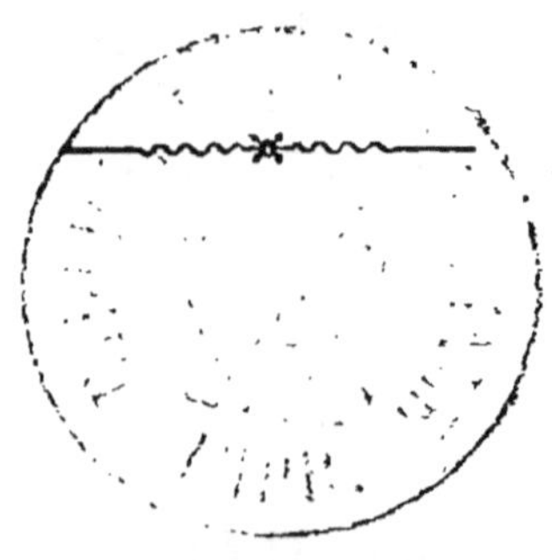

TABLE.

Pages.

BESANÇON, IMPR. DE J. JACQUIN.

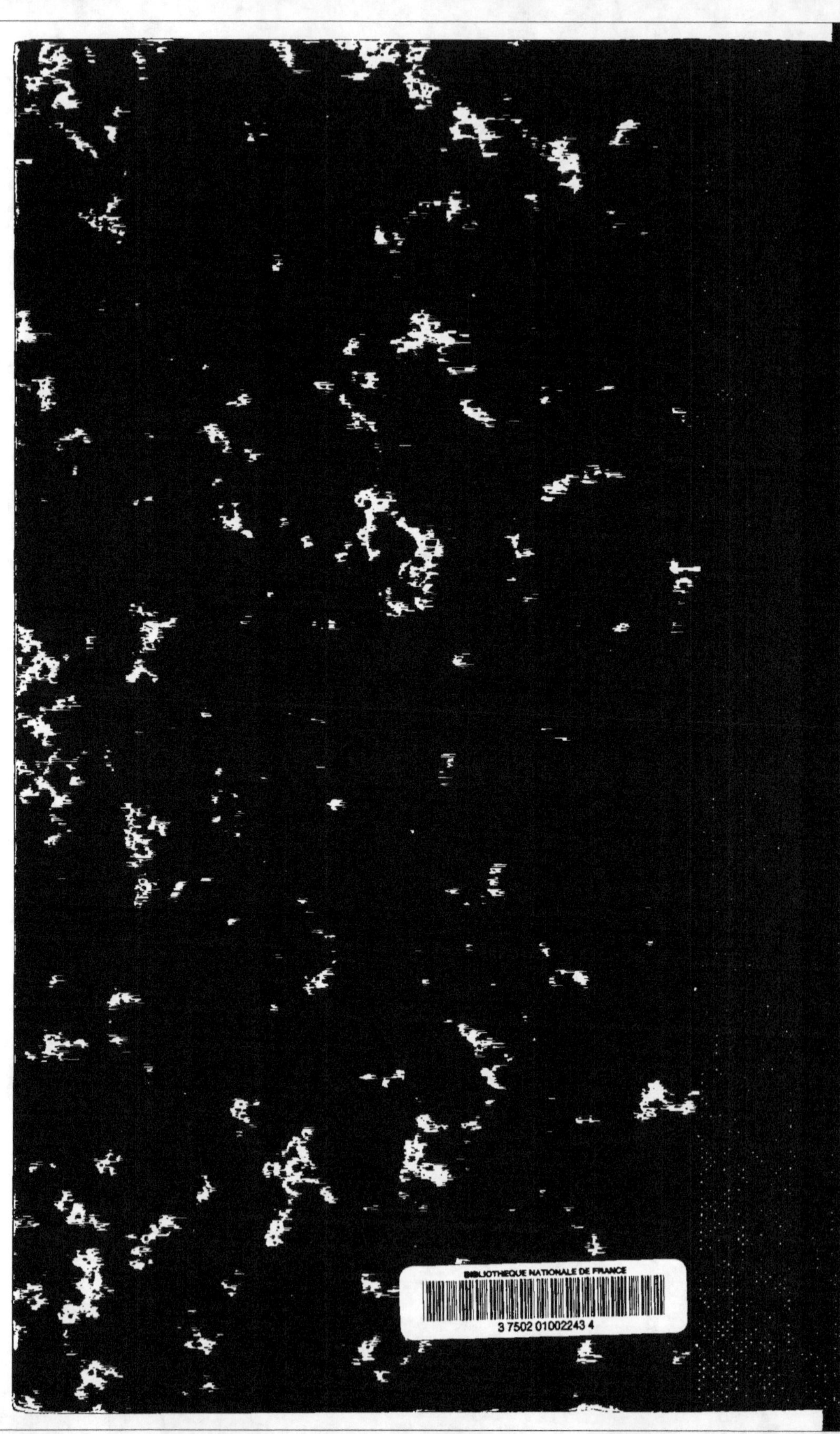